▶ 문학소년의 꿈을 이루다

학창 시절부터 글쓰기를 좋아해서 책을 많이 읽고 틈틈이 습작을 하였다. 문예사조를 통해 시와 수필로 등단하면서 문학의 길로 접어들었고, 60여 년 동안 직장생활과 신앙생활을 하며 사진작가로, 자영업자로 인생의 황혼길을 걷고 싶다.

▶ 2020년 제31회 문예사조문학상 최우수상을 수상(受賞)하다.

▶ 2010 초청만찬 **한양을 빛낸 사람들** (한양대학교 서울캠퍼스)

▶ 한반도를 아름답게 보존하기 위해서
 - 20여 년 봉사활동을 하며 받은 환경상

서울시 환경상 수상

김인석(03.지자원 고위정책) 크로바전기 대표가 6월 8일 서울시 환경상을 수상했다. 광진구 자연보호 협회장을 맡고 있는 김 대표는 한강 및 청계천, 중랑천 정화활동과 아차산 조류 보호 활동을 꾸준히 펼쳐왔다.

▶ 신문 연재 작품

기독신문 2005년 5월 18일 수요일

사진에세이
추억의 청계고가

서울 도심을 동서로 가로질러
신호등 없이 시원하게 달리던 도로.
청계천 복원 사업으로 사라진 길.
올 가을이면 깨끗한 청계천을 볼 수 있다.
지상에 콘크리트 도로 40여년 세월.
시민의 출퇴근과 물자를 수송하던 길.
이제는 우리 곁에서 사라져 버리고
철거전 몇 장의 사진뿐.

김인석(서울 성은교회)

기독신문 2005년 1월 26일 수요일 / 제1519호

사진에세이
생 명

깊은 산골, 불거져 나온 뿌리 사이에서 또다른 생명이 자리를 잡았습니다.
죽은 나무 뿌리 사이에서 자라난 새로운 생명.
질긴 생명의 힘과 순환에 가만히 고개가 숙여졌습니다.

사진·글=김인석(집사)·성은교회

기독신문 2005년 3월 2일 수요일 / 제1523호 **열린 광장**

사진에세이
봄이 오는 길

봄은 어디서 오는가?
겨우내 땅속에 얼어있던 김장독의 틈새에서부터일까?
높은 산, 물줄을 흡어 내리기 시작하는 냇물소리에서일까?
한반도 남녘 제주도 노란 유채꽃,
광양 하이얀 매화꽃,
지리산 기슭 산수유가 싱그런 봄을 그린다.
산수유 마을에서 그림 그리는 여인네들.
꽃과 자연은 봄의 아름다움을 노래하고
인간의 마음은 풍요로움으로 선하게 물들어진다.
모든 생명을 치유하는 봄의 에너지로…

글·사진=김인석(서울 성은교회)

기독신문 **열린 광장** 2005년 3월 9일 수요일 / 제1524호

사진에세이
담쟁이

도심의 회색빛 시멘트 벽을
푸른 생명의 빛으로 바꿔 놓는 담쟁이처럼,
세월을 타고 넘어 언제나 생동하는
자연의 속삭임.
신호등 불빛 따라 힘차게
지천거 페달을 밟으며 외친다.
공해 없는 푸른 도심을 사랑한다고…

글·사진=김인석(서울 성은교회)

▶ 사진작품 환경부 장관상 수상 후 전시장에서 아들과 함께

▲ 아차산 환경사진 콘테스트
 (대상/김인석/팔각정 쉼터)

▲ 독수리, 천연기념물 243호
 (야생조류, 자생식물 6점)

▲ 폭포 경관(4점)

▶ 자연보호 환경보전 그림·글짓기 행사

서울 어린이대공원에서 지구사랑, 자연보호 그림·글짓기 행사, 초등학교·중학교·고등학교 학생들 대상으로 광진구에서 진행하다.

▶ 철새 모이 주기

강원도 철원 민통선 지역에서 200여 명의 학생들과 한국 조류보호협회 회원들이 모여서 겨울 철새 모이 주기 행사를 하다.

▶ 자연보호운동 쓰레기 수거 행사

구미시 금오산에서 제31주년 자연보호 현장 선포 기념식에 참석하여, 전국 회원들과 함께 행사를 진행하다. 회원으로 30여 년 활동하며 정부 포상도 수상하다.

▶ 농어촌에 있는 미자립 교회 지원 활동

해마다 방문하여 예배을 드리고, 교재(敎材) 지원금을 전달하다.(안동 의성)

▶ 이웃돕기 행사

매년 추수감사절을 맞아 바자회와 구제비를 모아 불우이웃돕기 행사를 교회 본당에 꾸며 놓고 하나님께 예배 드린 후 주민센터 복지팀과 함께 이웃들께 전달하였다. 올해도 따뜻한 겨울 보내세요.

▶ 군부대 위문과 시설 지원 및 기관 활동

전방 부대에 교회 신도들이 방문하여 방송시설과 에어컨 설치 등 군부대의 부족한 부분을 지원하고 위로하며 충실한 군복무를 위문하다.

▲ 군산 아펠젤러 선교교회 방문(2018년)

▲ 영흥도 에너지 박물관 방문(2019년)

▶ 교회 등산동호회와 산악회 활동

▶ 육군 포병학교 시절과 6사단
(1975-1977년) 포병 하사관 포반장 복무

▶ 청년 시절(1978-1980년)

▶ 약혼과 결혼(1981~   )

▶ 두 아들 성장기(1982년~   )

▶ 2010년 대학교 졸업(큰아들)

▶ 한양대학교 대학원 수료식 및 행사

▶ 가족 찬양대회 때 어머니를 모시고(2000년)

▶ 부부 특송 잔치(2016년)

▶ 권사 임직식 때(앞줄이 4인 우리 가족(2016년 11월))

시와 에세이

세상을 걸으며
자연에서 배우고

人光 김인석

도서
출판 문예사조

■ 책을 펴내며

삶의 굴레인 세상의 무대 위에 태어나서 인생길 70년을 바라보며 무엇이 옳은 길이고, 그른 길인지 정답을 알 수 없습니다.

삶의 지나간 날들을 추억하고, 오늘을 위해서 땀 흘려 일하고 생활의 터전을 확장하며 내일의 행복을 위해서 반복된 삶을 살아 갑니다.

잘 사는 것은 어떤 것인가, 타인의 가슴에 아픈 상처를 주지 말고 사랑하며 이웃과 서로 닮아 가는 것이라고 생각합니다. 같은 마음과 같은 뜻을 교류하며 행복을 나누고 살면 얼마나 좋은 세상이 되겠습니까?

인생을 살아가는 동안 사랑하고 이해하며 어려운 시기가 닥쳐서 고생하고 힘든 때도 있습니다.

회자정리(會者定離)란 만나면 언젠가는 헤어진다는 뜻입니다. 아무리 좋은 사람도 언젠가는 헤어져야 합니다. 인생의 조화 속에 묵혀 있는 희노애구 애오욕이 함께하기 때문에 신앙생활을 하며 하나님의 말씀을 가슴에 담고 살기 위해서 기도하며, 애통해하며 간구했던 이야기들은 사회생활의 참여와 자연보호운동 활동을 통해서 하나님이 주신 자연을 사랑하고 환경을 있는 그대로 보존하기 위한 '온새미로' 정신으로 봉사하며 여행을 통해 보고, 느끼는 것만큼 들리는 자연세상을 사진으로 찍어 와서 다시 보고 느끼면서 기록했던 글들과 어릴 적부터 꿈꾸어 왔던 문학적 일생의 삶을 인생의 황혼에 와서 흔적이라도 남기고 싶어 『세상을 걸으며 자연에서 배우고』라는 제목으로 책을 펴냅니다.

　건강이 허락하는 한, 일과가 끝나고 잠자리에 들기 전 서적을 보면서 지식과 교양을 쌓기 위해 명상과 여행을 하며 산을 찾아 걷고, 보고 찍어서 느낀 것들을 모아 글로 써 두었습니다.

　한 번쯤은 변화 있는 인생의 후반전을 버킷리스트에 참여해 보고 싶어 도전해 봅니다.

　책을 내는데 도움을 주신 월간 문예사조 이재갑 발행인님과 이정호, 최선화, 채성숙 님께도 감사드립니다.

　좋은 책을 만들기 위해 기도해 주시고 추천해 주신 성은교회 최민범 담임 목사님께도 감사드립니다. 무엇보다 졸필을 읽어 주며 격려해 준 아내와 두 아들에게도 고마움을 전합니다.

　시금석(試金石)이 되기 위해 이모저모 도움을 주신 모든 분들께 하나님의 사랑과 축복이 영원하시길 기도드립니다.

시인 · 수필가 김인석

■ 추천의 글

　설레임 가운데 기다리던 사랑하고 존경하는 김인석 집사님의 두 번째 글 모음집 『세상을 걸으며 자연에서 배우고』 출간을 진심으로 축하드립니다.
　글에 대한 추천의 글을 부탁하시면서 제 손 위에 올려주신 편지글에 깊은 감동을 받았습니다.
　하나님과 이웃을 향한 사랑의 마음이 고스란히 그 편지 안에 담겨 있었습니다. 하나님께서 아름답게 지으신 창조세계를 담아내는 사진들과 감탄이 흘러나오는 글들을 모아서 세상에 꽃 뿌리듯 흩날려 주시겠다는 생각이 담겨 있는 서신이었습니다.
　사진과 글이 작은 아바타가 되어 김인석 집사님을 곳곳에 고스란히 담아 보여 주겠다는 생각이 작은 미소와 함께 들었습니다. 수줍게 꺼내시는 글들이 매력적이겠다는 생각도 들었습니다. 이제 그 오랜 시간 모태에서 기다리듯 기다렸던 글들이 고개를 내미는 순간이 되었습니다. 기다림이 흐뭇함이 되어 출생의 기쁨처럼 축하하며 추천합니다.
　사진도 아름답고 글도 사랑스럽지만 김인석 집사님의 삶은 감동적입니다. 삶의 고단함이 느껴질 때 이곳에 담겨 있는 사진과 글들은 행복과 용기와 삶의 향기의 길로 우리를 안내해 줄 것으로 생각됩니다.
　자, 이제 함께 안내해 주시는 그 길로 손잡고 걸어보시지 않으시겠습니까?

성은교회 최민범 목사

Contents

◪ 책을 펴내며 _ 2
◪ 추천의 글 _ 4

시

제1부 계절과 세월은 흐르는데

15 - 계절과 세월은 흐르는데
16 - 가는 길
18 - 가을 서정
20 - 굴렁쇠 인생
22 - 길 위에서
24 - 그렇게 세월은
25 - 거룩한 지성
26 - 꽃무릇길
27 - 날고 싶어
28 - 나의 마음을 아내에게
29 - 구름 따라 살아온 인생
30 - 나 이대로 살리
32 - 눈사람 우정
33 - 단풍과 낙엽
34 - 동행
35 - 무지갯빛 추억
36 - 밀어
37 - 바람길

Contents

- 38 - 반갑다, 친구야
- 40 - 논두렁 밭두렁
- 42 - 방긋 웃는 도라지꽃
- 43 - 봄날에(spring)
- 44 - 봄날의 기적
- 45 - 생(生)의 발자취
- 46 - 상사병 당신
- 48 - 쌓이고 흘러
- 50 - 생(生)의 약속
- 51 - 아름다운 자연유산 제주
- 52 - 여행의 의미
- 53 - 우리들은 어떻게
- 54 - 우리들 사랑밭
- 55 - 원앙새
- 56 - 인생이란
- 57 - 쥐불놀이
- 58 - 자연 햇살
- 60 - 작은 풍경 삶처럼 · 1
- 62 - 작은 풍경 삶처럼 · 2
- 63 - 풍차
- 64 - 추억
- 65 - 추일서정(秋日抒情)

Contents

- 66 - 축시(祝詩)
- 67 - 토종 약호박
- 68 - 커피 한 잔의 인생
- 70 - 투영
- 72 - 태양은 밝아 오는데
- 73 - 푸른 하늘
- 74 - 화관무 민속춤
- 75 - 휘파람 부는 이
- 76 - 천불동 계곡

제2부 하나님 사랑의 성시

- 79 - 마음을 열면
- 80 - 믿음의 초석
- 82 - 반영
- 83 - 사랑의 향연
- 84 - 살아 있는 연탄불
- 85 - 인생길
- 86 - 에벤에셀 주님
- 88 - 인연이란
- 89 - 주와 동행
- 90 - 주 바라기
- 92 - 포도나무

Contents

제3부 자연과 어울림

- 95 - 가을비
- 96 - 낙엽비 내리는 날
- 98 - 고구마꽃
- 99 - 들꽃처럼
- 100 - 구상나무
- 101 - 구절초꽃
- 102 - 금강 초롱꽃
- 103 - 금낭화
- 104 - 금새우난초
- 105 - 꼬리조팝나무
- 106 - 꾸지뽕 나무
- 107 - 꽃무릇
- 108 - 꽃잔디
- 109 - 꽃창포
- 110 - 나비 사랑초
- 111 - 나팔꽃
- 112 - 노란 망태버섯
- 113 - 눈개승마
- 114 - 눈꽃송이
- 115 - 능소화
- 116 - 능파대

Contents

117 - 단풍나무
118 - 동백나무꽃
119 - 동해바다
120 - 두물머리
121 - 둥굴레꽃
122 - 라일락꽃
123 - 무궁화꽃
124 - 물레방아
125 - 물망초꽃
126 - 물옥잠화
127 - 벚꽃나무
128 - 보리수 나무
129 - 복수초
130 - 복주머니 난(蘭)
131 - 비상
132 - 산수유 나무
133 - 산에 오르는 이유
134 - 선암마을
135 - 설앵초꽃
136 - 쌍폭포
137 - 얼레지꽃
138 - 은방울꽃·1
139 - 은방울꽃·2

Contents

140 - 여주 열매
141 - 입술꽃
142 - 접시꽃
143 - 정향나무
144 - 초롱꽃
145 - 파꽃
146 - 함박나무꽃
147 - 해당화
148 - 해바라기꽃

에세이

제4부 한국인의 산(山) 사랑

151 - 한국인의 산(山) 사랑
156 - 가을의 문턱에서
159 - 강물 따라 꽃길이 열리네
162 - 겨울 뒤에 오는 봄
166 - 계절의 꽃들도 순서가 있다
169 - 굴렁쇠 인생
173 - 그리움
175 - 나무의 생존 지혜

Contents

178 - 대승폭포 가는 길
182 - 덕유산 눈길 산행
186 - 마음의 향기, 사랑의 향기
192 - 부부란 인생
194 - 빨리빨리 문화와 기다림
198 - 사랑하는 아들들에게
200 - 삶의 재충전장 산(山)
204 - 생각이 있는 밤
206 - 오늘의 일정 누전공사
209 - 영원한 사랑인 산수유꽃
213 - 추모의 집 153호
216 - 클로버의 사랑
220 - 황금보다 더 좋은 지금(只今)

<시>

1부

계절과 세월은 흐르는데

♣ 꽃과 함께 하면 나 자신도 아름다운 생각으로 바뀝니다 ♣

계절과 세월은 흐르는데

찬 바람이 얼굴을 스치고 지나가는 날
울타리 밖 가로수의 색상을 바라본다

가을빛 찬란한 오색 단풍
하늘은 파랗고 흰 구름 발길을 재촉한다

빈 가지뿐인 나무들은
계절 따라 조율하며 사는데

욕심내고 행복만 추구하는 나 자신은
다람쥐 쳇바퀴 돌아가듯 매일 일에 빠져 산다

한 해 한 해 같은 삶 살아도 같지 않듯이
거칠고 세찬 기운 이겨 내도 초조함 여전하다

계절마다 태양빛 기울어 달라지듯이
하루하루 삶의 골도 다르게 변한다

평생을 살면서 많은 이와 만나고 헤어지듯
우리의 삶 잠들지 않고 발돋움하며

불평 없는 자연 속에 더불어 사는 인생
섬김과 나눔이어라.

가는 길

우리 인생 살아가는 동안
사랑을 품은 삶이 지속되면
그 사람 발자취는
꿈이 있는 희망의 길

사랑하고 그리워할 사람이 있거나
기쁨과 슬픔을 나눌 사람이 있다면
인생을 헛살지 않은
기쁨의 길

살며 가슴 아픈 일로
눈시울 적실 때
가슴 한쪽 내어주는
배려가 있는 희생의 길

힘든 삶의 눈물 닦아 주는
손수건 위로가 따뜻함이며
한평생 같이 살아가는
꽃 피는 길

진솔하게 마음 통해 산다면
가진 게 있고 없고가

무슨 허물이요
욕심 없는 진실의 길

세상을 살면서 새로운 만남으로
기쁨이 솟구친다면
희망찬
화목의 길

마음가짐이 삶의 전부이듯
생각이 바뀌면 인생이 달라지고
아무리 힘들어도
함께하면 행복의 길.

가을 서정

희망의 의미가 가득한 날
보는 이들마다 미소짓는
아름다운 가을 산야의
정경들

여인의 립스틱 만큼
새빨간 단풍잎
부채꼴 모양 강심장
노랑 은행잎

소슬바람 소리에
흐느적거리는 갈대숲
코스모스 한들한들
고추잠자리 날고

풍성한 나무열매
주렁주렁 어깨가 무겁다
금빛 들녘 풍년놀이
곡식 익는 참소리

붉은 잎, 노랑 잎
세월 가는 소리 파르릇

바람에 낙엽이
나뒹구는 소리 스르륵

가을비 내리는 날
우산 속 연인들의
사랑이 꽃비 따라
내린다.

굴렁쇠 인생

내 인생은 내가 잘 알기에
생각하며 지혜롭게 배운 지식과 기술과 경험으로
주어진 여건에서 돈을 벌고 생을 영위하며
바쁘게 살아간다

오늘날 사회생활을 하는 모든 이는
부지런히 활동하며 돈을 버는 것이 행복하게
살기 위함을 너무 쉽게 잊어버린다
그래서 돈을 버는 일에 바쁜 노예가 되어
행복을 느끼지 못하며 살고 있다.

변함없이 계절은 바뀌고
우리들 인생도 변해 간다
누구나 어려서는 어머니 품이 가장 안락하고
행복한 믿음의 장소였듯이
타향살이에 지친 자가 고향을 그리워하듯
지나온 파란만장하고 험난한 삶이
좋은 밑거름 되어 지금까지 살아온
과정이며 행복이라

각박한 세상은 우리를 정신없이
시간에 쫓기며 살게 하고

자유롭고 여유 있는 시간을 가질 날을 꿈꾸지만
현실은 우리를 갈증의 길로 몰고 간다

누가 뭐라 한들 자신에 일에 최선을 다해
몸과 마음을 다스리고 타인과 교제하며
따뜻한 인간미를 베풀며 사는 삶은
희망과 용기의 어우러짐이
굴렁쇠처럼 돌고 도는 인생이 아닌가
우리들 인생 최고의 날은 아직
살지 않은 날들이다.

길 위에서

숲의 향기를 맡으며
길 위를 걷는다

상쾌함 가득 느낀 뒤
애절함은 무엇일까

살아오면서 텅 빈 마음에
담아 놓고 싶은 것은

사랑과 관심
성공과 행복

인생의 희로애락
갈등의 시간 속

지나온 발걸음
허전하고 부족해도

나의 소중한
추억으로 남으리

신록의 바람 따라
주어진 생각들

행동으로 옮겨 가며
손으로 빚고 싶다

거센 비바람이 몰아쳐
훼방 놓아도

또 다른 삶의 발걸음으로
지난 세월 디딤돌 삼아
길 위를 힘차게 걷는다
남은 인생을 위해서.

그렇게 세월은

봄볕이 따뜻한 날
하얀 목련꽃이 핀
거리를 거닐며
당신과 나 손가락 걸고
사랑을 맹세했네

목련꽃이 떨어지기 전
다시 만나서 미래의 좋은
꿈들을 그려 보자던 말
허공에 날아간 바람 소리인가
흘러간 흰 구름의 헛기침인가

오랫동안 사랑하며 살자던
말이 메아리가 되어 돌아오니
이 무슨 짓궂은 운명의 장난인가
잊어 달라고, 찾지 말라고
문자로만 날려 보내고
소식을 끊어버린 야속한 당신

추억 속의 그리운 세월
흘러가 버린 인생의 발자취
저녁놀처럼 저물어 가네.

거룩한 지성

세상에 널려 있는 게
사랑인 듯 싶지만
진정한 사랑은
그리 많지 않다

사람이 꽃보다 아름다운 까닭은
누군가를 생각하고 사모하며
좋아하기 때문이다
그래서 마음의 꽃이라 한다

우리의 다정한 삶의 여정이
작금(昨今)에 이야기로 꾸며진 터전
싱그러운 작은 배려가
보듬는 것이고 사랑이다.

꽃무릇길

붉은 꽃 화려함에 숨은 길
그리움으로 가득한 그대여
만날 수 없어 이루지 못한 정

한 몸에 살면서도 때가 달라
고운 모습 볼 수 없구나
계절이 바뀌고 세월이 가면
달라질까 했는데

봄엔 신록만 노래하고
여름엔 터전만 불리며
아름답고 환상적인 모습
가을을 붉게 메운다

애절하고 가슴 깊은
이루지 못한 사랑을
뭇 사람들은 이렇게
상사화 꽃말에 담아
그리운 추억을 노래한다.

날고 싶어

마음껏 하늘을 날고 싶어
자유를 향해 날갯짓하는
새를 바라본다

평화롭게 창공을 날며
희망찬 자연에 빠져든다

눈물 젖은 고된 삶 접고
햇빛처럼, 바람처럼 가고 싶은

하늘에서 본 산천초목(山川草木)
한없이 크고 넓은 바다

모든 것이 신비롭고 아름다워
꿈 속에서 날아 본 세상

위로받고 행복하게
신기루 찾아 새로운 삶 산다.

나의 마음을 아내에게

소중한 당신을 생각하면
한없이 좋습니다
함께 살아온 삶의 정이
따스한 흔적 되어 스며듭니다

지난 세월 멋없이 살았지만
살아온 삶이 밑거름 되어
우리의 가정도 평범하게
주어진 환경에서 열심히 일하며
두 아들과 함께
행복의 보금자리를 꾸몄습니다

하나님을 사랑하고 믿으며
결혼생활 수십 년 함께한 것처럼
앞으로의 남은 인생도
서로 아끼고 격려하며
멋들어지게 살아가렵니다.

구름 따라 살아온 인생

어느 날 문득 나도 모르게
구름 따라 흘러온 세월의 뒤안길
미련이 남아 돌이켜본다

젊음과 자신감으로 바쁘게
정처 없었던 아련한 발자국
한평생 살아온 인생길

오늘의 일도 모르면서
내일을 위해 욕심내며
다람쥐 쳇바퀴 돌려왔구나

자식들 뒷바라지 사랑과 청춘을
누구든지 부모는 그렇게 살지만
텅 빈 내 가슴 꿈은 어데 갔나

반백년 함께 살아온 부부 인연
긴 세월 구름 따라 흘러온 인생
이제 다시 옛날로 갈 수 없지만
하늘 저편 덩그러니 혼자가 아니길.

나 이대로 살리

내게 주신 그 모습 그대로
감내하고 살아가리

꿈과 희망 보듬고
후회 없이 살아가리

걸어온 길 추억하며
가난함도 싫어라
돈 많은 부(富)도 싫어라

필요하고 모자람은
주어진 손재주로
땀 흘려 일구며 가꾸리

꿈 많았던 학창 시절
철없던 청춘의 발걸음도
덧없이 그렇게 가고

어느덧 중년의 모습
무거운 어깨에 힘도
슬기롭게 넘어가리

오늘보다 내일이
아름답다 했는데

사는 동안 혼자가 아니기에
소담한 보금자리 사랑하리

햇빛의 그림자 되어
발길이 머무는 곳

삶의 언덕 위에 서서
행복을 노래하련다.

눈사람 우정

눈 내리는 날
두 손으로 한 움큼 눈을 모아
땅에 놓고 굴리면서
크게 만든다

친구들과 눈을 맞으며
우정을 쌓는다
형이 만든 큰 것은 밑에 놓아
몸통이 되고
내가 만든 작은 눈덩이를 위에 놓으면
동그란 얼굴이 된다

솔잎가지 꺾어다 눈썹 붙이고
조그만 검정 돌 주워
눈코 만든다

이목구비(耳目口鼻) 보기 좋고
겨울 눈 오는 날은
재미있는 눈싸움 놀이

지금은 어디서 무엇하며
살고 있나, 옛 친구여.

단풍과 낙엽

온 산 가득 알록달록 다홍치마
애정어린 여인들 입술보다
더 진한 계절의 몸부림인가

가을 하늘, 파란색 시냇물도 염색됐네
물에 담근 손 오색 잎 붉게 떠올라
지난 세월 아쉬움 가득 젖어든다

이슬 먹고 살아온 나뭇잎의 발자취
찬 바람 못 이겨 떨어지는 희생 낙엽
나무밑동 거름 썩는 소리 시끄럽구나

돌고 돌아가는 계절 따라 희비애락(喜悲哀樂)
오랜 세월 불태운 나무 사랑, 고뇌의 물결
소슬바람에 나무의 옷을 벗는다

울창한 휴양림 조성된 통나무집
하룻밤 고요히 잠들고 꿈꾸면
고된 삶, 지친 몸 세월 가는 줄 모른다.

동행

사노라면 좋은 일만큼
힘들고 가슴 아픈 일도
많습니다

인생길 함께 걷다 보면
사랑보다 더 깊은 정으로
친구가 됩니다

비록 한 걸음 뒤처져 살아도
사랑으로 보듬고 받들면
아무리 어렵고 힘겨운 삶의 무게도

마음과 마음 속에 쌓인 정으로
봄바람 가슴에 여미듯 가벼워지고
삶이 정겨운 이야기꽃이 됩니다.

무지갯빛 추억

아름다운 꽃 속에 사랑이 머물 듯이
우리들 순정이 싹트고 익어 가던 길목

열린 바람 욕심 없이 시작된 둘만의 꿈들
좋아했기에 철없는 소꿉놀이 사랑을

청춘의 지고지순한 꽃길 행복들
가난이 장벽 되어 이루지 못하고 진 사랑

그때는 그것이 이별의 슬픈 고뇌인 줄
몰랐지만 헤어져 혼자이고 보니 착각이네

아직도 애틋함이 남아 있는 옛날의 그 시절
잊지 못할 처음 사랑, 처음 마음, 무지갯빛 추억이라.

밀어

잊을 수 없는 사연과 정(情)
갖고 싶은 꿈이 많기에
영혼도 잠자고 쉬는 밤에
당신하고만 속삭입니다

지난날 좋은 추억들
헤어져 있으면 보고 싶었던
앵두빛 입맞춤 사랑들
가슴 속에 넣고 살아요

내일의 따뜻한 아침을
맞기 위해 마음을 포근히
의미 있는 꿈을 주는 당신은
사랑스런 내 벗이라오.

바람길

어떻든 넌
보이지는 않지만
소리와 나뭇잎 흔들림 속
만남과 바람의 대화

세월과 계절의 인생을
날려 보내며
넓은 초원 갈대숲
몸부림 속에 숨는구나

화려한 봄꽃을 시샘하며
풍매화 친구로 살아가는
싱그러운 산들바람에
머릿결 휘날린다

가을엔 소슬바람 옷깃을 여미고
오색단풍 산수화 피고 나면
바람에 낙엽이 떨어지며
나무는 겨울길로 들어선다

북풍한설(北風寒雪) 내려오면
삶의 뒤안길 겨울 채비에 허리 휘며
온돌방 아랫목 사랑이 초연하다.

반갑다, 친구야

인생을 열심히 살았고
중후반으로 걸어가는 길

소중한 친구를 만나면
반갑고 기분이 좋네

함께 어울렸던 시간들
옛 추억이 생각나네

이팔청춘에 만나서
어느덧 오십 년 세월아

하나님의 사랑과 학업이
맺어 준 끈끈한 우정들

부모님 사랑의 소산으로
이 땅에 생명 길 태어나

젊은 청춘과 삶을
사회와 가정을 위해 헌신한 몸

한평생 걸작품 위해서
만들어 낸 우리들 인생

무엇이 부족하리오
친구여, 친구여!

세상의 모든 이들 다
제 잘난 맛에 살듯이

우리들 나머지 삶도
정말 멋들어지게

건강하고 행복하게
잘 살아 보세나

인생길 가을을 걷는 지금
희로애락(喜怒哀樂) 다 겪은 삶

아름다운 추억의 자리
낭만으로 커피 잔 나누세.

논두렁 밭두렁

봄볕 좋은 날
논두렁 밭두렁 사잇길
개구리 울음소리
장단 맞추어
콧노래 부르며 놀던 때

아카시아꽃
밤나무꽃
향기 견주며
누구의 사랑 받을까
미련 갖던 그 시절

온통 흙투성이 되며
허리 아파도 쉬지 못하고
부모님 함께
온종일 잡초 뽑던 일

마을 뒷동산 올라
술래잡기, 나물 캐던
동네 조무래기들
달 밝은 밤
들판에 누워

은하수 별빛 바라보며
북두칠성 찾아
내 별은 어디 있나
빛 바랜 추억만
애잔한 기억들
마음에 머문다

하늘이 주신 자연
계절이 바뀌고
세월이 흘러가도
꽃 향기, 풀벌레 소리
여전한데

우리들 삶만
변해 가고 있네
노란 민들레, 애기똥풀
논두렁 밭두렁
생(生)의 발자취.

방긋 웃는 도라지꽃

무더운 여름날
보랏빛 도라지꽃
바람에 춤을 추며
나를 보고 웃는다

작은 꽃송이
사라지기 전에
인증샷 찍어 놓고
내 마음 속에
예쁘게 간직한다

가을이 되면
모든 작물들이
결실을 뽐내는 것처럼

산과 들엔 꽃들이
실바람에 춤을 추며
예쁜 사랑 이야기
기쁨으로 나누고 산다.

봄날에(spring)

겨우내 닫혀 있던 창문 열고
라일락 향기 물든 봄을 느낀다
작은 몸짓 어깨에 배낭 지며
힘찬 발걸음으로 간다

지난 추억들 곱씹으며 도시 벗어나
산행길 찾는 사람들 틈에 끼어
차창에 몸을 맡긴다

취미와 사랑을 모두 나누고 싶어
젊은 날 모습으로 핀 봄날의
생동감으로 인생을 찾아간다

바람과 흙내음에 도취 되어
나의 뜨락에도 자연의 향기 가득하고
자유로운 산행길 그림자 드리운다

산행의 즐거움 이야기꽃 피우며
인생의 여운이 가득한
철쭉꽃 군락 속에서 쉬어 간다.

봄날의 기적

산자락의 드리워진 봉우리
잔설이 녹으며 흘린 생명수

겨우내 언 땅 뚫고
올라온 희망의 새싹들

따뜻한 햇볕 대지의 양분이
봄날의 여정 되어 살아가네

가지마다 새순 눈부신 신록빛
포옹하며 거친 세상길 도전한다

봄바람 애무하고 봄비 속삭이니
노랑 꽃, 분홍 꽃 피네

보기만 해도 좋은 자연 풍경
하늘과 땅이 주는 위대한 자연의 힘

우리들 먹고 사는 초록빛 야채들
아름다운 생명잔치 허브되었네.

생(生)의 발자취

시간의 흐름이
종일 찾아오는
바쁜 생활에 묻혀

마음 한가득
나의 존재를 위해
쫓기듯 오늘을 산다

삶의 부지런함이
미래의 참 터전이듯
마음껏 일구며 가꾸리

생(生)의 의욕은
마음 편히 행복하게 사는 것
기다림의 미덕이
여유로운 인생살이요

힘겨운 삶도
따스한 햇살에 녹아지듯
풍요로운 자연 품에서
연실 꿈틀댄다.

상사병 당신

오랫동안 가슴 속에 넣고
사랑하는 이에게 말하고
싶지만 말할 수 없어서

전하고 싶지만 전할 수 없었던
그것이 나의 운명인 듯
그리워하며 살아왔다

당신을 사랑한 나에게
내려지는 연모의 정이
벌인가 싶어 그냥 살아간다

임은 양지의 사람
난 음지의 사람
백과 흑처럼

깨끗한 그와는 달리
난 어둠의 세상에 살았네
그는 빛이 난다

내가 몸부림치며 살아온
삶의 길은
허물과 이기심뿐인데

사랑을 하면서도
가슴 속 불꽃을 전하지 못한
미련하고 부족한 나

지나간 세월을 용서해 주듯
기회를 준 천사 같은 당신
지금 이 순간 다시 찾아온
우리들 사랑의 풍경
쓸모 있는 그릇으로
새롭게 인생을 살고 싶다

하나밖에 없는
생명도 내어 주듯이
다시 사랑하고 싶다.

쌓이고 흘러

하늘에 떠 있는 구름은
흘러 흘러 창공 도화지에
그림 그릴 때

깊은 산골에서 시작된
시냇물은 흘러흘러
강물이 되고

강물은 흘러, 흘러서
강변에 금모래, 은모래
쌓아 놓네

세상의 시간은 흘러 흘러서
우리들 삶의 공간에
역사가 쌓이며

인생의 나이는 쌓이고 쌓여
지혜로 가득 찬 얼굴에
주름살만 늘어나네

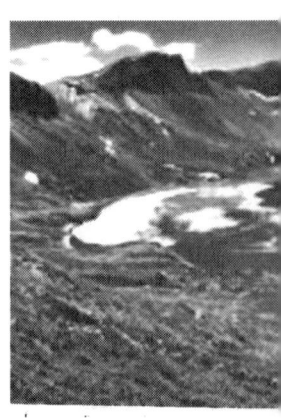

그리움은 쌓이고 쌓여
사랑노래 보고픈 사연이
가득하네

당신과 나의 사랑은
쌓이고 쌓여서
아름답고 행복한 추억이 된다네.

생(生)의 약속

다정한 우리들의 속삭임
희망찬 오늘과 내일 이야기
마음의 꽃 피워 주는 삶의 길

참신한 생활 알차게 엮어
흔들림 없는 거룩한 지성(至誠)
달콤한 입맛 다짐

인간의 오묘한 생활 터전
마주 쥔 손과 손 조용한 약속
밝은 생활 영위하는 보금자리

생의 발자취 추억으로 남기듯
열성으로 꾸밈 삶
진정 우리들이 성취할 인생길.

아름다운 자연유산 제주

바다에서 화산 분출로 만들어진 성산일출봉
유채꽃 만발한 산방산 일대 용머리 해변
층층이 쌓인 사암층 암벽 조형물 절경

올레길 가장 멋진 코스 송악산 둘레 풍광들
자연도 숨는 곳 무인도 형제 섬 가파도 청보리
이천오백 그루 비자나무 팔백 년 거목 위용 숲

아름다운 원시자연 오름과 바다폭포와 동굴
물질하는 해녀, 감귤 따는 농부, 제주의 일상들
한반도의 높은 산 한라산 백록담, 참자연 보존하자

올레길 걸으며 소통하고 상처난 마음 치유한다
여유 있는 느낌 힐링하여 용기 얻어 일터로 가고
세계인과 함께하는 유네스코 세계문화유산 제주.

여행의 의미

하루 종일 일에 매달려
씨름해도 마음은 공허감뿐
아무런 의미와 이유 없이
여러 날 가슴앓이로 망설인다

무엇인지 모를 삶의
전율이 온몸에 스밀 때
마음의 답답함을 씻기 위해
어디론가 떠나고 싶은 마음뿐

내 소중한 보금자리와 터전
살면서 스쳐간 만남과 인연들
긴 세월의 계절마다 멋진 추억일랑
많은 날 걸쳐 쌓은 굴레들
모두 귀한 성역들 미뤄 두고
부푼 꿈 안고 설렘으로 떠난다

강 건너 산길 따라 아지랑이 꿈 찾아
넋 나간 나그네 되어
후련한 마음 잘 왔다 싶다
여행길에서 또 다른 세상을 만난다.

우리들은 어떻게

민초들 온종일 생(生)에 매달려
땀 흘려 쳇바퀴 돌려 가며
텃밭 언저리 지켜 사는데

흘러나오는 매스컴 소식들은
꿈도 깨고 도덕성 잃은 허무함 뿐
국민들 우롱하는 위정자여

위기 극복, 골든타임 세월 가는데
무엇을 위해 나라 살림 맡기나
순환되는 공정과 정의 말뿐인가

주변 나라 열강 한반도 넘보는데
밥그릇 챙기기 바쁜 사회구조
평등사회 계층 붕괴 무너지면

일하며 배우고 쌓아올린 서민 인생
희망 잃고 주저앉게 하지 마소
길 위에 선 우리 무엇 위해 달려가나.

우리들 사랑밭

아름답고 맑은 눈 속에
사랑의 꽃 향기

라일락 내음처럼 가득하고
얼굴빛 입가의 미소

당신의 매력이 좋아서
사랑에 빠졌네

둘이서 꾸민 보금자리
너랑 나랑 둥지 틀고

사랑만 위해 살아온 삶은
정녕 아니지만

그래도 사랑은 가져야
했기에 사랑했다

둘이서 낳아 기른 아들, 딸
긴 세월 희비애락 뒤안길

못다 한 아쉬움과 그리움도
영원한 주님 행복밭으로.

원앙새

어느 꿈 많은 남자
잠에서 원앙 꿈꾸고
매력 있는 여자를 만나

선녀와 나무꾼이 되어
두 사람 만의 영원한 사랑
금실 좋은 원앙부부 됐네

물 위에 노는 새들아
무엇을 먹고 사는데
이렇게 아름다운 몸
빛깔 좋은 새로 살아가니

우리는 입이나 배에
욕심이 없어
몸으로 나쁜 일을 안 해요

생각이 깊고 신중하여
가벼운 몸, 숭고한 빛깔로
하늘을 날며 살죠.

인생이란

한 장만 쥐고 떠나는
왕복이 없는 승차권
되돌아오는 길이 없는 인생
단 한 번뿐인 여행

살아 있을 때
충실히 삶의 여정에서
굽이쳐 살아온 흔적을
남기고 살고 싶어라

세상의 모든 것
다 갖고 살 순 없어도
아름다운 추억에
무지개 발자취로
남으리.

쥐불놀이

휙휙 돌리면서
풍년을 기약하는 놀이

정월 대보름날
끈 달린 깡통에

작은 나뭇가지
끼워 넣고

불을 피워서
논두렁 밭두렁

불을 지펴
마른 풀 태우는 놀이

논밭의 병충해
사라지고

타고 난 재는
좋은 거름이 되어
농사가 풍년이 된다네

조상의 슬기가 담긴
쥐불놀이
새 출발 다짐해 본다.

자연 햇살

창 너머 오월의 따뜻한 햇살이
책상에 앉아 있는 나를 방해한다

아무런 의미도 없이 여러 날
안절부절 심란해서 망설인다

일은 하는데 마음 속 답답함을
씻지 못해 뜻 없이 번뇌한다

해야 할 일은 많은데 능률이 오르질 않는다
살아오면서 이렇게 허둥대긴 처음이다

모든 것 접어두고 어디론가
훌쩍 떠나고 싶은 마음 가득하다

부푼 꿈 가득 안고 설렘의 여행길 떠난다
길 따라 차창 너머 들녘과 마을들이 뒤로 간다

환희에 찬 아름다운 자연 풍광이
빨리 오라고 재촉한다, 홀가분하게

그렇다, 모든 귀한 성역들 밀어두고
둥지 떠난 인생길, 푸른 해송 바다 향기 가득하다

강렬한 태양빛 길 따라 아지랑이 춤추고
평화로운 하늘엔 흰 구름 떠서 노닌다

바람 따라 파도 따라 넓은 세상 질주하며
푸른 바다 언저리 빨간 등대, 하얀 등대 길목 찾는다

도시생활에 지친 초라한 내 모습
새순 입은 연녹색 나뭇가지 새 희망 준다

자연에서 배운 지혜와 경험으로
밝아오는 우리들의 인생길.

작은 풍경 삶처럼 · 1

자신의 몸을 바람에 맡겨
소리꽃 피는구나

고요한 산사(山寺)의
청아한 풍경 소리 뎅그렁 뎅그렁
돌아가며 우는 풍경새

자연으로부터 침묵과 영혼을 퍼올려
게으른 선비들 잠 깨워 책을 보게 한다

목조건물 화재가 염려 되어
처마 끝 유적

풍경과 함께 물고기를
매달아 놓았구나

푸른 창공은 물이 되고
그곳에서 물고기가 논다

오고 가는 이들아
선조들 멋스러운 지혜를 찾아

인생의 풍랑이
거칠게 치는 세상 속에서

잘 버티는 몸 만들어
행복하고 좋은 임들 되소서.

작은 풍경 삶처럼 · 2

평소에는 아무런 소리 없이
가만히 자리를 지키고 있다가
바람이 불면 그때서야 뎅그랑 뎅그랑
아름답게 피는 소리꽃 풍경

기와지붕 처마 끝 가냘픈 소풍길
푸른 창공, 넓은 세상 애절한 삶
좋은 임들 행복을 찾는다면

인생의 풍랑이 치는 거친 세상 속
선장되신 주님의 손에 붙들려
풍랑이 더 거세질수록

더 아름다운 소리를 내며
세상에 흩날리는 믿음 찾아
보석 같은 작은 풍경이 되소서.

풍차

넓은 초원 위에 홀로
우뚝 솟아 사는 풍차

탑 위에 여러 개 날개를 달아
바람의 힘으로 돌아간다

동력을 얻어 낮은 곳의
물을 퍼올리는구나

삶의 지혜가 담긴 기구
아름다운 생활 풍경

파란 하늘빛 운치 있는 날
멋진 갈대숲 언덕에서 논다

돌아라, 돌아라 날개야
네가 부지런히 일을 해

우리를 편하게, 행복하게
살게 해 주는 사랑하는
풍차야.

추억

클래식 음악이 흐르는 찻집에서
연인과 마주앉아 이야기할 때에
희미한 조명보다 영롱한 그 눈빛
미소짓는 모습에서 사랑을 느낀다
설레는 마음으로 살며시 손을 잡는다

바쁜 핑계로 부족한 만남의 장
좋아하고 사랑해도 애틋한 마음뿐
허전함 달래 준 당신과의 시간들
소담스런 사랑의 숨결들
향기 나는 따뜻한 인상이 좋았다

젊은 시절 시린 삶 딛고 살아온 날들
아쉬움과 미련은 남지만
미래의 생(生)을 위해 쉼 없이 살고 싶다
화려한 인생보다 주어진 현실 속 삶
추억을 노래하며 그렇게 살란다.

추일서정(秋日抒情)

가을바람 황금 들녘
의미 있는 계절이
미각에 미소짓듯이
아련한 기억 속의 정경들
탐스럽고 아름다운 열매여!

오곡백과 거둬들인 날
정다운 사연이 스치며
마음 가득히 단풍의 속삭임
나, 여기 앉아 노래합니다
길손의 인도자인 어머니!

파도가 철썩이는 바다의 향연
진실된 마음의 자세였기에
조용한 사색과 희망은
보람찬 내일의 꿈이요
앞으로 살아갈 길인 것을!

그리워했던 얼굴이었기에
못내 잊지 못하고
생긋 보조개 미소 빛
여울진 아쉬운 사랑
황혼의 거친 파도 물결!

축시(祝詩)
- 결혼하는 형제에게 드림

은혜로우신 하늘의 은총이
오늘 이 시간에 땅 위에 내려
경천애인(敬天愛人) 사랑과 결혼의 터전
백년가약(百年佳約) 부부의 보금자리
풍성한 축복(祝福) 가운데
신랑 신부(新郞新婦) 탄생하는 날
아름답고 행복한 새 인생이 맺어지는 날
사랑과 신뢰의 순애보(純愛譜)
순종과 희생의 순애보(純愛譜)
영원토록 아끼고 사랑할 두 사람이
한 마음, 한 몸, 한 뜻 되어
새롭게 출발하는 수복강령(壽福康寧)이어라
영롱한 눈망울 속에 그려진 내음
지고지순(至高至純) 연결된 언약
가장 경건하고 행복한 부부여
영원히 하나로 맺은 신랑 신부여
새롭게 탄생한 부부(夫婦)여.

토종 약호박

호박이라면 선입감에
푸대접이 일색이다

세월이 흐르고 나이가 들면
누구든지 건강 관리에
생각이 깊어진다

자연의 건강함을
가득 담은 약호박은
식이섬유 영양덩어리

황색 빛깔 햇빛 먹고
덩굴 타고 주렁주렁

남녀노소 누구든지
편안하게 건강식으로
비타민 성분 먹고 산다.

커피 한 잔의 인생

하던 일을 잠시 멈추고
테이블 위에
커피 한 잔 올려놓고
기도의 시간
행복을 느껴 본다

이런저런 잡동사니
삶의 발목을 잡지는 않았나
쉼 없이 달려온 세월
욕심만 챙긴
인생의 뒤안길

꽃이 피면 피는 대로
잎이 지면 지는 대로
눈이 오면 오는 대로
바뀌는 계절 따라
마음 가는 발자취,

빛난 것도 이룬 것도 없는
지금 그 자리
작은 사랑과 작은 행복
중보기도(仲保祈禱)하는 마음
힘 주세요

인생은 누구를 만나 살던지
사랑하며 행복하면 족하지
한 모금 두 모금 그윽한 커피맛
찻잔 가득
소박한 따뜻한 꿈

어느덧
청춘과 중년은 흘러가고
황혼이 익어 가는 반 평생
미련과 후회 없는 발걸음은
또다른 오늘의 역사를 쓴다.

투영

계절의 변화 속
맑은 샘터에서
새 희망 얻어
긴 세월 끊임없이
화사한 인생의 길
걷고 싶다

세상의 모든 것 사랑하고
갖고 살 순 없어도
요람의 보금자리는
갖고 싶어
삶의 여정에서
연실 꿈틀댄다

가져 갈 것은 없어도
굽이쳐 살아온 흔적은
남기고 가고 싶어
마음 속 가득
생(生)을 동경하는
순수한 갈등

이상과 현실 중
더 좋은 터전을 위해
주어진 뜨락에서
몸 속 에너지 끌어 모아
시간을 나눠
사는 인생길.

태양은 밝아 오는데

해가 뜬다, 동녘에서부터
새날 새 아침이 밝아 온다

온 세상 일손들이 서두른다
이것은 인간의 운명을
개척할 거칠은 항해다

우리의 힘으로 건너가야 할
미래의 넓은 세상 길목에서
사람들은 주저주저 망설인다

성공과 실패 두 갈래길로
어느 곳이 밝은 미래인지
행복한 삶인지 몰라.

푸른 하늘

하늘 구름이 이 마을에서 저 마을로
흘러흘러 이사 가는 저편에
산과 산이 모여 계곡과 봉우리

나무들이 짝짓고 어깨동무하며 노는 곳
푸른 하늘은 햇빛을 주며
짜증나면 짓궂은 비로
이른 비와 늦은 비를 내린다

이 땅의 온갖 동식물을 살아가게 하며
물과 빛이 모인 곳의 숨결 춤추며 살찐다
자연이 주는 생명력, 고마운 우리 사는 곳

꽃 향기 따라 벌과 나비 날아들고
시냇물 흐르고, 야생화 피고 웃는 곳
산과 들에 새가 날고 둥지 트는 땅

함께하는 이웃사랑, 삶의 풍요로움
내가 사는 곳 탓하지 않는 바른 인생
푸른 하늘이 우리들의 삶을 살찌게 한다.

화관무 민속춤

청명한 가을 하늘
흰 구름 한 조각 한 조각
만국기 휘날리며
세계의 평화 기약한다

춤사위 한 동작 한 동작
간절한 마음 담아
하늘에 뿌린다

꽃으로 장식된 화관
머리에 쓰고
오색 한삼 공중에 날린다

민중에 춤사위
선녀처럼 부드러워
태평성대 삶의 영생
평화 번영 세상을 연다.

휘파람 부는 이

녹음(綠陰) 짙은 5월에
미륵산 기슭
언덕에 앉아

휘 - 휘 휘파람 부니
어디선가 새 한 마리
날아와
손바닥에 앉는다

땅콩 한 알을 입에 무니
어느 새 턱에 앉아서
물고 있는 땅콩을
부리로 빼어 문다

옛날의 연인들
창문 앞에서
휘파람 부는 총각

약속이나 한 듯
창문이 열리며
반갑다고
처녀가 손짓을 한다.

천불동 계곡

한여름 장마철 쏟아 붓는 빗줄기
비선대 빼어난 암벽 따라 흐른 폭포수

우렁찬 물소리 흐르는 흑빛 물줄기
굽이굽이 계곡 따라 색다른 수채화

천불동 요철 물길 포말을 일으키며
설악산 볼거리 절정을 이룬다

가을엔 능선 따라 산막이 단풍색
울긋불긋 아기자기한 천연색 풍광

흰눈이 쌓이면 울퉁불퉁 음영을 만들고
이름 그대로 설악에 기품을 띤다

오르고 내림길 따라 추억이 쌓이고
신선과 선녀도 쉬어가는 사계절 피서지

인생길 상처받은 상념과 번뇌들
명승지 여행 소중한 추억에 한 장면

온 세상 푸르게 계절 따라 운율 키우며
비선대 신령님 발자취로 남으리.

2부 하나님 사랑의 성시

마음을 열면

닫혀 있던 창을 열면 바람이 들어오지만
닫힌 마음을 열면 말씀이 들어옵니다
말씀을 담아 사랑의 마중물로 승화시키면
모두가 행복하고 아름다운 세상이 되는 걸

언제 끝날지 모르는 인생 여정
생각이 같고 말이 통하는 믿음의 가족들
너나없이 다툼이 없는 하나님의 나라

어느 예술품보다 더 멋진 자연의 아름다움
눈빛만 보아도 좋은 사람, 선택받은 이
하나님의 자녀 축복으로 영원하리.

믿음의 초석

내 안에 그리스도 살아 있으니
거칠은 세상살이
치열한 경쟁사회
가난이 대수인가

내 안에 주님 모신
믿음 생활
기도하며 말씀 보고
행복한 인생

주신 생명
나 자신을 마음껏
사랑하고 가정을 지키리

때에 따라
이른 비와 늦은 비를
주셔서 풍성한 결실
은혜에 감사드립니다

연약하고 부족한 죄인
주님의 뜻
깨닫기 원합니다

하나님의 사랑
실천하는 믿음
입술에만 머물지 않고

이웃과 함께하며
죄 씻음 받고
실천하는 믿음 주소서.

반영

강가의 황포돛배
잔잔한 강물의 평화로움
느티나무와 돛배
반영이 좋다
인생의 발자취도 이처럼
추억의 반영으로 남는 것
사공의 손길과 바람에 따라
나그네 길 떠난다
굴곡 많은 세상사
주님 주신 터전에서
풍요로운 인생의 추억을 남기리.

사랑의 향연

창조주 하나님은 사랑했기 때문에
이 세상을 만드셨고

그리스도 예수님은 사랑했기 때문에
십자가에 못 박혀 죽으셨고

세상의 많은 여인들은 사랑했기 때문에
자신의 남자들을 눈물로 섬겼고

사랑은 인간의 마음을 움직여 우연을 가장한
필연적인 만남을 점화시키는 불꽃이다

사랑은 자신을 적나라하게 드러내는
지극히 순연한 신앙과도 같다

사랑은 인간의 역사를 만들고
인간은 세상의 삶을 만든다.

살아 있는 연탄불

그렇게도 바쁜 시간의 흐름 속에
마음 한가득 나의 존재를 위해
쫓기듯 오늘을 산다

힘겨운 삶도 꿈과 행복을 위해
터전을 힘껏 가꾸고 일구리
오늘의 부지런함이 보람이요
여유로운 인생살이라

혼자가 아닌 어울림 공동체 세상
연탄불처럼 남을 위해 희생하며
따뜻하게 자신을 바치는 삶

주님이 주신 풍요롭고 아름다운 세상
지혜의 미덕과 십자가의 희생과 발판
우리 모두 삶의 터전으로.

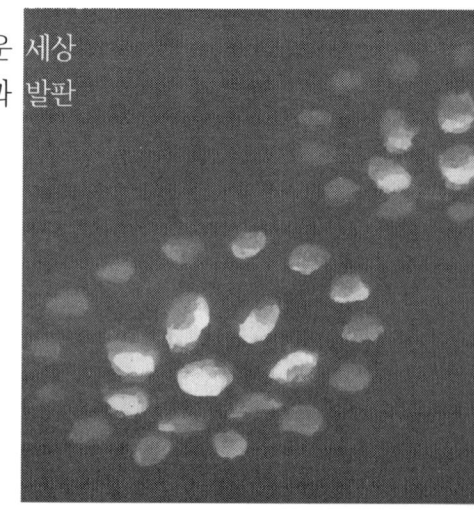

인생길

세상에 태어나서
부모님을 의지하고
성장하고 나면 제 잘난 맛에
두 주먹 믿고 살아가고
사랑과 성공의 길에서
부족함을 느끼면
하나님께 의지하며
기도한다네

인생이란 신기루 같은 것
보이는 듯 보이는 듯 보이지 않는
알 것 같은데 아무것도 모르는
굴곡진 무지의 지혜

요철 인생길은
누구든지 겪는 법
작은 원동력으로
성장의 길에 서면
더 큰 파라다이스를
찾는구나.

에벤에셀 주님

주의 크신 사랑
나라의 고난과 역경
세대와 계층의 갈등
무너지는 가정들
지켜 주소서

주의 창조 질서
죄악이 가득한 나라
정치와 사회에 불순종
화해와 용서, 배려심
내려 주소서

주의 강 같은 평화
전염병 확산으로
심각한 불황사회
낙심한 국민과 성도들
이겨 낼 용기 주소서

주의 자비하심
어두움 속에서
빛 가운데로
생명으로 인도하소서

참 좋으신 주님
길이요, 진리요
생명이신 지혜와 능력
슬기로운 믿음으로
우리 살게 하소서.

인연이란

사람과
사람을
맺어 주는
인연은
연뿌리에서
유래 되어 전해오는
고전사라
하늘에는 별이 있고
땅에는 꽃이 있고
나에게는 평생을
함께할
당신과 연(緣)이
결합 되어
영원하리.

주와 동행

인생길 좌절과 슬픔
고통의 시간 보낼 때

주의 인자하신 사랑
기쁨 얻었고

약함이 담대해져
세상 살 수 있는
용기 얻어

주 생명의 능력
여호와의 사랑으로
크게 하사

구름 따라 세월 따라
흘러가는 인생
주님과 동행하여

주는 나의 반석, 산성이니
아름다운 찬양
즐거움 나의 빛이요.

주 바라기

오늘도 주만 바라보며
행복한 삶을 위해
기도드립니다

나의 인생
주어진 곳에서
최선을 다해 살 수 있는
건강과 일터 주신 것
감사드립니다

하늘의 무수한 별들은
어두울수록
더욱 빛나는 것처럼
누구나 자신의 삶이
빛나고 영글고 싶어
자신의 별을 안고
살아갑니다

우리의 눈으로
주님 보지 못하고
경험할 수 없지만
믿음의 눈으로
주님을 보며

하나님의 사랑과 은혜
체험할 수 있는
믿음 되길 원합니다

내일도
주만 바라보며 찾아가는
삶의 여행 되길
기도드립니다.

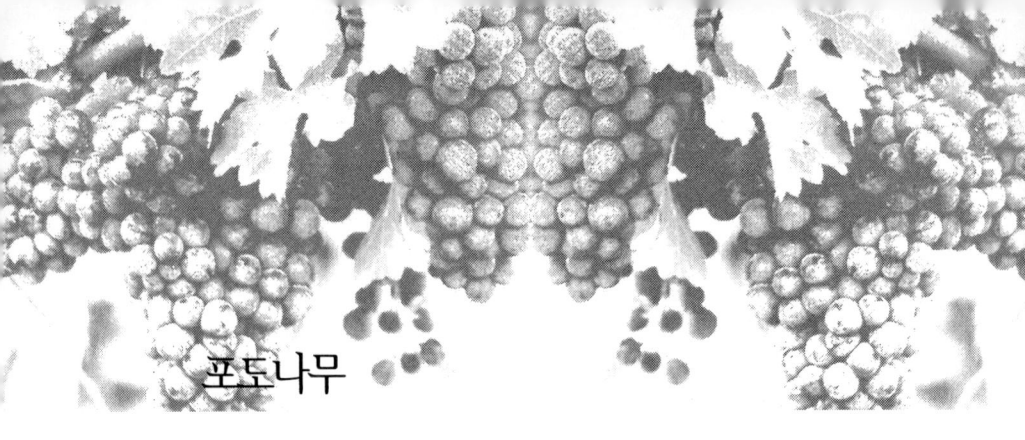

포도나무

너는 내 것이라, 영혼의 아름다움이라
하나님의 위대한 극상품 포도나무라
곧게 뻗어 뿌리내린 백향목, 번성한 민족
전쟁으로 가난한 삶 새롭게 만들었네

하루 종일 밤늦도록 삶의 일터에서 뿌리내리고
힘들고 지친 몸 지탱할 수 있는 인내심 가족이었네
그것이 내일을 향해 기다리는 마음의 여유라
아침 저녁 세수하며 손 씻고 낯 씻듯이
내가 지은 죄 깨끗이 씻을 수 있다면
얼마나 평화로운 영혼 구원인가

세상 사람 모두 다 제 잘난 맛에 살아가듯이
할 일이 있어 살아간다면 더 큰 행복이라
우리의 삶이 추억으로 남기 전에 우리 가운데
여호와 하나님이 존재하시니
그리스도의 향기 발하는 신앙의 명가로 살자.

3부
자연과 어울림

〈물 · 산 · 조류 · 꽃〉

가을비

도심 속 비 내리는
만추(晚秋)의 거리

노란색 은행나무
갈색 떡갈나무
낙엽을 밟으며
친구들과 우산 쓰고 걷는
낭만의 길, 추억의 길

저물어 가는
세월을 어찌 막으랴
가을비 우산 속
단풍잎은
물 위에 떠 있네.

낙엽비 내리는 날

늦가을 갈색 예쁜 잎새
춤을 추듯 마지막 고뇌

단풍잎 가지에 매달려
살랑살랑 손짓을 하며

찬 바람 불어 떨어지기 전
만나고 싶다고 오라 한다

화려한 청춘 붉게 태우고
생을 다한 낙엽의 갈색추억

눈에 들어온 가을 끝자락
멋진 모습 멍하니 바라본다

바람 소리에 후드득 후드득
낙엽비 뒹굴며 먼 길 떠난다

인간들처럼 욕심내며
치열하게 살아가지 않고

자신의 몸을 희생하며
새로운 작물들 거름이 되어

아름다운 다음 세상을 위해
호젓이 살다 가네.

고구마꽃

백년 만에 핀다는
행운이 찾아오는
고구마꽃

처가에서
처음 본 꽃
너무 좋아요

수줍어서
잎사귀 밑에
숨어 있어 예쁘다

나팔꽃과 닮았다
뿌리와 줄기
식이섬유 고구마

겉은 하얀색
속은 보라색
여름 만능 채소
땅이 준 꽃.

들꽃처럼

홀씨 하나 바람에 날아와
대지의 품이 좋아서
자리 잡고 뿌리 내리면

척박한 땅에서도
들꽃송이 피어올라
바람 따라 흐느적흐느적

조그맣고 눈부신 꽃 이파리
향기 날리며 마음 잡는다
떠나간 임 손길이 그립도록

소박한 들꽃 모습 보기 위해
잠시 발걸음 멈춘 나그네
그것으로 족하다네

한 계절 지고 세월꽃 떨어지면
빛으로 그린 자연세상은
긴 겨울 눈송이 이불 덮고
거친 들꽃 모습으로 살지요.

구상나무

하늘을 향해
달린 열매야
햇빛을 따라
전진하는 기상이 참 좋다

아름다운 자태
추위 이겨 낸 뒤
꽃과 열매
모두 갖는구나

성탄 트리 으뜸나무
솔방울과 가지들
멋진 나무
상록수 교목

사계절 높은 산에
호기로운 풍경으로
오래 살아가는
구상나무야
정말 보기가 좋구나.

구절초꽃

여러해살이
초령목 국화
쌍떡잎 식물

산기슭 풀밭
흰색, 노랑색
함께 핀 두상화

구구절절
마디마디
사연도 많다

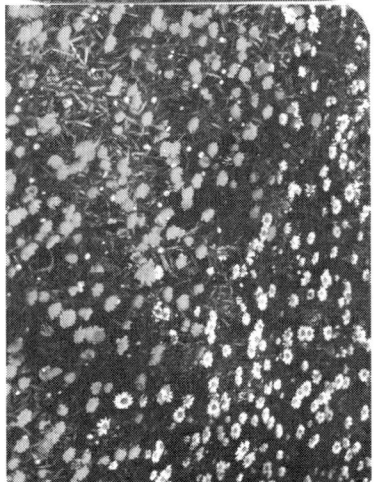

꽃은 술을 담가
한잔 술에
시름 접고

작은 열매로
배 아픔을
고쳐 준다네.

금강 초롱꽃

청사초롱 치마꽃
자주색 보랏빛깔
지고지순 어린 잎
보고 또 봐도
청초한 멋

산골짜기
숲 속 그늘
찾아보기 힘든
우리나라 꽃
보호종

아래로 향해 핀
초롱 모양
산 속의 불꽃
씨방 열매
참 아름답구나

익으면서 씨를 퍼뜨리는
바람 모양새 등불
우리의 꿈
최고의 야생화.

금낭화
- 꽃말은 당신을 따르겠습니다

담홍색 꽃
양귀비목
당신의 뜻
하고픈 말
따르지요

며느리 속살
입술 밥풀꽃
봄의 어린 잎
나물로 채취
삶아서 먹고

타박상, 종기
치료에 쓰고
담홍색 사이
수줍은 하얀
입술 내밀고

갈라진 조각
연약한 빛깔
꿀자루 모양
햇볕이 좋아
종일 꽃 핀다.

금새우난초

노란색 희귀식물
난초과 새우난초
여러해살이 풀꽃

꽃무리 마른 매력
키우고, 보존하고
따뜻하게 잘 자란다

피침형 달걀모양
주름살 타원형태
많은 수염뿌리

약하며 환경 내성
개체수 많지 않다
제주도 산간지방

샘 없는 사막처럼
사라진 황량한 숲의
그늘진 곳 밝힌다.

꼬리조팝나무

산책길에서 만난 너
핑크빛 부드럽게 핀 꽃
동물의 꼬리처럼 생긴
이름이 예쁜 야생초

우리나라 산자락 주변
햇볕이 잘 드는 곳
무리지어 생육하는 실물
소담한 꽃대가 아름답다

바람 부는 날 추임새가 좋다
추위에 강한 생육환경식물
상춘객들이 은밀하게
좋아하는 야생화.

꾸지뽕 나무

옛 선인들은 꾸지뽕을
햇볕에 잘 말리고
달여 마시면서 건강을
지켜 나갔다고 한다

따뜻한 봄날이 되면
녹색의 연한 잎이
손바닥처럼
자라나고

꽃은 연노랑색
둥근 모양으로
예쁘게 핀다

가을이 되면
작은 알갱이가
뭉쳐진 붉은 열매가
달리고
꾸지뽕은 버릴 게
하나도 없는
유실수(有實樹).

꽃무릇
- 상사화

단풍보다 먼저 산천을 붉게 물들여
가을을 시작한다

감동 있는 우리 땅 식물
몸에 좋은 산야초

꽃이 필 때는 잎이 없고
잎이 자랄 때는 꽃이 없고
임은 가고 없다

만날 수 없고
사랑을 전하지 못하는
그것은 나의 운명

당신을 사랑하는 마음
포기하지 못하고
한 해 한 해 그리움으로
잠시 눈을 감는다.

꽃잔디

알록달록 다양한 색으로
피고 지는 꽃잔디
작지만 모여서 피니
정말 예쁘다

우리 주변에서
언제나 아름답게
많이 자라고 있는데
못 보고 만다

바쁘다는 핑계로
일상에 쫓겨서
무심코 지나친 게
너무 많이 있다

내가 있는 자리가
비탈지고 험해도
꿈이 없어 보여도
탓하지 않고 자리를 지킨다

주어진 곳, 그 터전
최선을 다하는 꽃잔디 보면서
우리들의 삶도
그렇게 살아야지 싶다.

꽃창포
- 붓꽃

보랏빛 꽃송이가
제비가 날아온 듯
고운 난초 전해준다

붓꽃은 산과 들의
양지쪽 습지에서
봄처녀 개화되고

암술머리 치맛단
수술씨방 종갈색
예쁜 모습으로 꽃 핀다

열매 맺힌 자주빛
뿌리 줄기 옥선화
피부 미용 향기 좋다

예쁜 임 좋은 소식
관상용 그린 마음
꽃사진 찍으면서
입가에 미소짓네.

나비 사랑초
- 꽃말은 당신을 버리지 않을게요

자주색 잎을 가진 사랑초
잎의 자루당 세 개의 잎이 달리고
나비의 날개처럼 삼각형 하트 모양

낮에는 잎을 열어 두고
밤이 되면 나비처럼 잎을 닫는다

햇빛에 민감한 반응을 보여서
양지쪽에 심어야
꽃을 오랫동안 볼 수 있다

신기한 사랑초는 열을 내려주고
피부병에 효과가 있다
사람의 심장을 닮은 모양으로
생명력이 강하다.

나팔꽃

따뜻한 여름날
들판을 걷다 보면
만나는 멋들어진 꽃

나팔 모양 닮아서
귀엽게 붙여진 이름
나팔꽃

덩굴을 타고서
주렁주렁
보랏빛
다양한 색깔

앞마당 정원 가득
담장 넘어 장식한다
소식이 궁금한 이여

기쁜 풍년 소식에
힘내고 행복하게 사세요.

노란 망태버섯

나무숲 속 습기 많은 곳
우연히 산속을 걷다가 만난
여름의 야생 버섯

망태버섯 카메라에 담으며
혼잣말 중얼중얼
자연의 신비함과 오묘함 가득

버섯의 여왕
한나절 피었다가
속절없이 지는 삶.

눈개승마

높은 산 고산식물로
낙엽이 많은 반그늘이나
음지에서 자라는
다년생 초본식물(草本植物)

부채꽃 깃털 모양
한여름에 꽃이 피고
가을에 열매 맺고

타원형 어린 잎
따서 나물로 먹고
영양만점 맑은 피

생명력 강한 야생초
토양을 가리지 않고
성인병 치료의 제왕

잎은 떨어져서 말라 죽어도
뿌리는 튼튼하게 살아 있어

눈 속에서도 잘 자라
새순들이 난다.

눈꽃송이

백색 물결로 꽃 핀
덕유산 눈꽃 기행

나뭇가지 위에
눈덩이 엉겨 붙어서

펼쳐진 풍광은
보지 않고서는

힘들게 올라가서
맛본 기분 말할 수 없네

밤새 내린 눈이
소복하게 쌓여서

순백의 아름다움이
보송보송한 산행길

겨울철의 깨끗한 자연
천년살이 주목나무 꿈.

능소화

흡착력이 좋아서
벽에 붙어
넝쿨로 크는 능소화

구중궁궐 예쁜 궁녀
임금님이 내민 사랑
하룻밤의 풋사랑

매일 밤새도록
담장 넘어 고개 내밀고
기다린 여인의 꿈

가장 어여쁜 청춘
짧은 사랑 저물고
너무 가슴 아파요

여름철 예쁘게 핀
기다림의 꽃 능소화
맺은 인연 다한 뒤
낙화 되어 자연으로 가네.

능파대
- 추암 촛대바위

    해안 절벽과 촛대바위 등 크고 작은 기암괴석들이 바닷가에 모여서 아름다움을 자랑하는 곳.
    애국가의 배경화면으로 일출이 등장하는 아름다운 해금강이다.
    조선 세조 때 강원도 제찰사로 있던 한명회가 파도가 암석에 부딪히는 멋진 풍경을 보고서 능파대(凌波臺 : 미인의 걸음걸이라는 뜻)라고 하여서 유명한 곳이다.
    최근 동해시가 주변에 북평 해암정과 해안가 출렁다리를 만들어 개통했다.

단풍나무

봄날의 단풍나무
녹색 잎 사이로
팔랑개비 모양에
빨간색 씨앗들

눈으로 보면 볼수록
순간의 마음
즐거움과 행복 가득

한여름 지친 육체
수정바람 맑은 수액
당분이 높아 마신다

가을철엔
최고의 단풍 빛깔
긴 여행 준비작업
자연색 디자이너.

동백나무꽃

한반도의 남쪽마을
겨울에 피는 꽃

향기는 없어도
아름다운 색깔

동박새 유인하는 친구
노랑 꽃술, 붉은 잎

금슬 좋은 부부
사랑이 꽃말에
담겨서

한평생 행복하네
섬마을 꽃

충신을 상징하는
절개 있는 기둥

수명이 다하면
송이째 떨어진다.

동해바다

바다는 항상 우리들 마음을 설레게 하는 곳이다.

일상을 살면서 받은 스트레스를 날려 버릴 수 있는 곳이며, 에메랄드빛 넓은 바다를 보면서 바람에 밀려오는 파도에 시원함을 느낀다.

파란 하늘과 투명한 바다 위의 맑은 공기를 마시면, 그동안 쌓인 걱정과 조바심이 없어진다. 대자연의 아름답고 장엄함을 느끼며 아침햇살을 받은 은빛바다를 보며 평화로운 발자취에 희망을 갖는다. 바다는 우리에게 풍부한 먹거리를 제공한다. 고기잡는 어부와 낚시를 즐기는 사람들은 세월을 낚으려는지 여유롭게 보인다.

고기 잡는 배들은 만선의 부푼 꿈을 안고 힘차게 바다로 나간다. 잔잔한 바다가 물길을 내어주자, 고기잡이배들은 목적지로 향해 신나게 달려 나간다. 고기를 잡을 때 많든지 적든지 자연이 주는 대로 감사히 받아 돌아온다. 바다 밖 멀리에서 포구 언저리 등대를 보며 안전하게 항구에 도착했다는 안도의 숨을 쉴 수 있는 길잡이가 되어 주는 등대가 있어 감사하고 사는 마음이 어부들에게는 전부다. 특히, 동해바다는 이른 아침에 일출 광경을 볼 수 있는 명소들이 많아 해돋이 정자와 전망대가 여러 곳에 있고, 신선한 해산물과 편히 쉴 수 있는 숙소, 산과 바다가 어우러져 있어서 볼거리, 먹거리 등으로 인생 발자취 중 추억을 남길 수 있는 곳이 동해바다이다.

두물머리

생수의 강물 두물머리
하늘에서 햇빛이 내리비쳐
강물이 은빛으로 빛난다

눈부시게 장엄하고 깊은 물길이
아름답다 못해 마음이 설렌다
주인 없는 빈 배와 고즈넉한 산

강물의 생명이 숨쉬는 푸르름
약동하는 여행객에 마음
수많은 사람들이 먹고 쓰는 한강

답답한 마음 떨쳐 버리고자
찾아와서 시름을 달랜다
북한강, 남한강이
한데 뭉쳐 큰 물 이루는 곳

자연 풍광이 아름다워
영화 촬영과 드라마 촬영 명소.

둥굴레꽃

하얀 꽃이 방울처럼
둥글둥글 구수한 뿌리 향

부부가 함께 몸을
포옹하고 핀 꽃

오래오래 사랑하며
아름답게 살아가요

꽃말처럼
우리도 함께해요

사랑과 봉사가 내포된
향긋한 차.

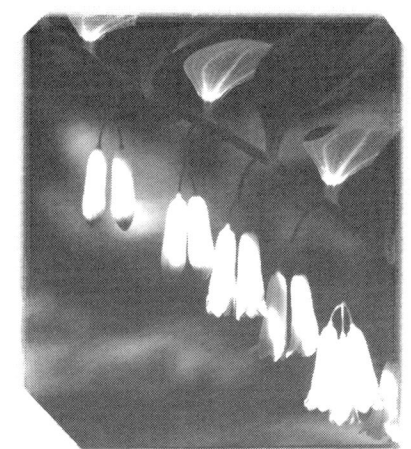

라일락꽃

꽃 향기가 너무 좋아서
많은 이들이 글과 노래로
아름답게 표현한 라일락꽃

봄날의 연한 핑크빛깔들
달콤한 향기, 진한 꽃무리
수수꽃다리 닮은 꽃대

아련한 젊은 시절 첫사랑이
담긴 진한 추억은 누구든지
간직하고 있는 기억들

긴 세월 담장 넘어 향기 날리며
떠나간 사랑의 잔상들
너는 아는가, 봄의 향기
바람 따라 임에게 가는 걸.

무궁화꽃

아침에 피고 저녁에 지는
하루살이 세속의 행복
부귀영화 덧없어라

피고 지고, 피고 지고
끈질진 생명력에
다산성 무궁화꽃

한여름 무더위 이겨내
일편단심 배달계 기상
민족의 상징, 사랑의 국화

자연의 홍자색 귀한 꽃
선조들의 신앙, 근면정신
후손이여, 영원히 지키자.

물레방아

큰 바퀴를 물의 힘으로 돌려 곡식을 찧는 방아로 큰 나무 바퀴를 가로지르는 굴대에 넓적한 나무가 달려 있고, 이것은 공이를 끼운 방아채를 누르도록 설치 되어 있다.
물이 떨어지는 힘을 이용해 곡식을 찧는다. 조상들의 농기구 지혜가 대단하다. 마을 입구에는 물레방아가 쿵덕쿵덕 정겨운 소리를 내며 돌고 있다.

물망초꽃

이루지 못하고 떠난
안타까운 사랑 이야기
떠나는 길에
꽃을 던져 주며 부르짖던 말
나를 잊지 마세요

연인이 강변을 산책하던 중
순식간에 덮친 거센 급물살에
남자가 물에 휩쓸려
떠내려가며

두 사람의 짧은 사랑은
끝이 나면서
그리움만 쌓이는
이야기가 유래 되어서

신의와 사랑, 못 이룬 애절함을
표현한 상징적인 꽃
예쁜 물망초꽃.

물옥잠화

오염된 물을 깨끗하게
스스로 정화하며 살아가는
물에 사는 물옥잠화

반들반들 진녹색 잎
부드러운 섬유질 미소
여리고 여린 듯
강해지고 싶다

파릇파릇 가만히 있어도
인간과 공존하는
존재감이 아름답다

진심을 다해 묻는다
세월 따라
변해버린 당신의 사랑
슬픔만 가득

살포시 내민 꽃
청보랏빛 물 속 사랑
보고 또 봐도
네 모습 정말 이쁘다.

벚꽃나무

따뜻한 봄날이 되면
흰 눈처럼
화려하게 핀 벚꽃

하얀 면사포를 쓴
새신부의 아름다움처럼
해마다 오는 고귀한 생명

풍성하고 탐스러운 꽃나무
신비한 멋이 풍겨난다
한 그루 한 그루가 모여서
세상을 환하게 밝혀 준다

얄미운 바람이 뺨을 스치면
꽃비는 흰 눈처럼 내리네
꽃비를 맞으며 걷는 산책길

우리 모두 봄의 향수를
맛보는 꽃보라 계절
꿈 많은 동산이 된다.

보리수 나무
- 사랑의 단꿈

가을날 맑은 하늘 아래
오대산 비로봉을 향해
오르다가 지친 몸
잠시 돌부리에
앉아서 쉬고 있을 때
길섶 나뭇가지에
빨갛게 익은 열매를
발견하고 좋아서 보니

보리수 열매
척박한 땅에서도
잘 자라고 향기도 좋아
꽃이 피면 벌들이
모여드는 소박한 꽃
땅을 기름지게 하는
소중한 나무 중 하나.

복수초

복 많이 싣고 오래 살아요
행복과 부유를 상징하는
노란 복수초꽃

산기슭 양지쪽
잔설과 얼음을
뿌리에 열기로 녹이면
새싹을 띠우는 얼음새꽃

싹 자체에 열기를 뿜어
주변의 눈을 녹이는
식물의에 난로라 불린다

작은 몸 안에 귀한 생명력
신기하고 대견한
야생 꽃송이
영원한 행복을 주는
희망의 꽃.

복주머니 난(蘭)
- 요강꽃

태백산 등산길의
산기슭 풀밭을
지나치다 눈에 비친
진한 분홍색
타원형

꽃잎 밑에
복주머니 난
나를 이겨 가지세요

충성스런 생물과
사람과 교제
어린 시절 쓰던
요강꽃

홍자색
주머니 같은
예쁜 꽃.

비상

날개를 펴고
마음껏 자유롭게
하늘을 날고 싶다

파란 하늘에서
바람에 나를 맡기고
아름다운 산야를
마음껏 본다

나의 마음
새들과 함께
창공에 있다

하늘에서 보는
세상은 어떤지

아귀다툼 없는
넓고 슬기로운
세상이길 바라며

언제 보아도
자연의 섭리
아름다워라.

산수유 나무

봄을 알리는 산수유꽃은
황색 꽃으로 잎보다 먼저 핀다
꽃송이를 보면 벌처럼
영롱하게 빛난다

산수유 나무는 붉은색의
타원형 열매를 얻기 위해
뿌리와 줄기와 가지와 잎이
영양분을 공급하기 위해
최선을 다한다

하늘의 무수한 별들도
어두울수록 더욱 빛나는 것처럼
인생도 누구나 빛나고 싶어
자신만의 별을 안고 산다

어머니가 어린 자식을
키우기 위해 젖을 주듯이
나무도 자신만의 리듬으로
열매를 위해 빛깔과 향기를
찾는다.

※ 우리나라의 산수유 군락지는 구례, 의성, 이천, 양평, 경주 등.

산에 오르는 이유

승려는 도를 닦기 위해
산으로 가고
심마니는 산삼을 캐기 위해
산으로 간다

나는 산을 오르며
인내와 건강을 얻고
정상에서 느끼는 환희와
꿈을 얻고 내려온다

슬기롭게 살기 위해
언제나 그 자리에 있는
산에 다시 오를 것이다.

선암마을
- 영월

볼수록 신기한
한반도 지형
머물고 싶은 곳

국가 명승지로
평창강과 주천강이
합쳐지면서
크게 휘돌아쳐

수천만 년의 물길로
석회암 지형이
만들어 낸
자연의 걸작품.

설앵초꽃
- 꽃말은 행복의 열쇠

소백산 연화봉 산행길
숨이 차고 땀이 흐를 때

정상 주변 숲 속 바위틈
환하게 밝혀 주는
꽃을 찾았네

반갑게 맞아 주는 너
나도 너에게 따뜻한
사랑을 보낸다

작고, 귀엽고 아름다운
행운을 준다는 네 모습에
행복한 마음
감출 수가 없구나

눈 속에서 핀다는
설앵초는 꽃모양이
앵두꽃과 닮아서
앵초라네

홍자색 우산 모양
웃음 주는 멋진 꽃.

쌍폭포

청옥산(1,403m)
두타산(1,353m)

두 봉우리가 겹쳐 있는
무릉반석에 아름다운
글귀가 새겨져 있다

울창한 수림(樹林)과 기암절벽
폭포와 소(沼)가 모여서
자태를 뽐내고 있는 곳
강원도의 국민 관광지.

얼레지꽃

인적 없는 산길에
보랏빛 꽃
바람에 산들산들

꽃잎이 뒤로
말린 게 요염타
잎사귀는 자주색

치맛자락
넓게 펴고
햇볕을 받는다

바람에
흐느적흐느적
춤바람 났구나

처녀 총각의
애달픈 사랑
가슴 꽃 얼레지.

은방울꽃 · 1

오래 전 꽃을 보고서
사람들이 은방울을
만들었다

방울 소리가
향기로 나는 꽃으로
은은한 향기는
사과나 레몬향이
강하게 난다

꽃이 지고 나면
붉은 구슬이
주렁주렁 달리며
순결한 야생화로
사랑받는다.

은방울꽃 · 2

새하얀 빛깔이 종처럼 생긴
방울방울 귀엽고 이쁜 모습
봄날에 핀 순결한 꽃

여인들 로망처럼
아름다운 매력과 향기
가득 품은 너

좋은 임 만나 함께
행복해질 수밖에 없는
사랑스런 은방울꽃

화사한 분위기 연출하면
힘이 솟는
행복한 사랑의 꽃.

여주 열매
- 꽃말은 정열

시골집 담장 옆에
심어 놓은 여주

노란색 꽃이 피고
여름철 마당에 그늘진다

꽃이 지고 나면
돌기가 있는 주황색

수세미와 닮은
여주 열매가 주렁주렁
아름답게 달린다

노을 지는 저녁이면
주황색 열매가
반짝반짝 빛나고

황금열매 가득
우리 집은
부자가 된다.

입술꽃

난(蘭)의 꽃 모양은 꽃받침이
입술 모양으로 신기함 가득하다

너무 예쁘고 섹시한 꽃은
누가 보아도 편안함을 준다

입은 맛있는 음식을 섭취하는
신체 부위 중 하나이다

좋게 생각해 보면
좋은 말만 하고 살라고
만들어 놓은 듯 하다

욕심으로 가려진 사람들의
마음을 순화시켜 주고
위로를 해 주는
꽃 속에서 행복을 찾는다.

접시꽃
- 꽃말은 다산, 풍요

꽃은 둥글고 넓은
접시 모양
색깔이 다양한
화사한 꽃

울타리 주변에 핀
문지기꽃
웃음 잃지 않는
고마운 꽃

접시꽃은 줄기 따라
층층이 피며
접시 안테나처럼
송신한다

동구 밖 소식과
사연을 모아
먼 세상 밖으로
소식을 전한다

세상을 향해
부끄럼 없이
아름답고 예쁘게
살아왔다고.

정향나무

깊은 산 양지쪽에 사는
고무래 정(丁), 향기 향(香)
토종 라일락 정향나무는
연보라색 하얀 속살빛

높이 솟은 듯한 정수리
젊은 청춘의 상징성
꽃이 이쁘고 향기가 강해
으뜸나무이며 고산 식물

우뚝 솟은 존재의 이유
꽃송이가 건강하며
약재로도 쓰이고
첫사랑 젊은 날의 추억
더불어 풍성해진다.

초롱꽃
- 꽃말은 감사

아침 햇살 아래
연한 홍자색 빛깔의
단아하고 아름다운 초롱꽃

한국적인 식물로
꽃이 큰 다년초 잎
산비탈 물가에
톱니모양의 매력적인 꽃

한여름에 피는
나팔과 초롱 닮은 꽃
긴 꽃줄기 수줍어
너는 밑을 향해 피는구나

보고만 있어도
싱그럽고 이쁘다
향기가 좋고
산소채 감사한 꽃.

파꽃
- 꽃말은 인내

한아름 꽃다발 되어
줄기꽃인 파꽃이 피었네

파는 어린 모를 모종하여 키우며
파꽃이 되면
상품 가치가 없기 때문에
파꽃이 피기 전에
뽑아 판다

세상의 꽃은 모두 아름답기 위해
피는 것은 아니다
꽃의 목적은 벌, 나비를
불러들여

열매를 맺게 하는
중매자 역할을 해 달라는
자연의 신호다

초록색 줄기 따라
하얀 머리
눈부시게 크고 이쁘다.

함박나무꽃

함박나무꽃(산목련꽃)은
나라 전역에
봄과 여름의 교차점에

매력 있는 꽃봉오리와
벌거벗은
여인의 하얀 속살처럼
매력과 향기로
발걸음을
멈추게 한다

사랑의 열병
간직한 천상 공주는
백목련으로

사랑하던 아내는
자목련으로

당신의 마음을
사로잡아
사랑을 전한다.

해당화
- 꽃말은 미인의 잠결

해풍이 불어오는 바닷가
모래밭의 홍자색 꽃
향기를 머금고 자태를
뽐낸다

꽃 중의 꽃인
장미와 작약을 닮아
줄기는 가시가 있고
꽃은 이쁘고 향기가 좋다

사랑하는 이를
멀리 떠나보내고
슬픔을 잊기 위해
먼 나라까지
향기를 바람에 실어
보내 소식을 준다

돌아오겠다는
약속을 잊지 말고
향기 머금은 여인이요
향기 따라
찾아오세요.

해바라기꽃

얼굴 마담으로 불리며
해를 닮은 노란색 꽃
작은 꽃들이 모여
이루어진 두상화
꽃이 큰 태양의 꽃
양지쪽 어디에서든
잘 자라며 인상적인 식물
꽃잎은 노란색
꽃밭은 갈색
씨앗은 크고 길쭉하다.

<에세이>

4부

한국인의 산(山) 사랑

한국인의 산(山) 사랑

우리나라 사람들의 산(山) 사랑은 대단하다. 주말이 되면 주요 산은 물론 전국적으로 유명한 산은 단체 등산객들로 입구부터 밀려서 기다렸다가 올라가는 일이 다반사다.

유별난 산(山) 사랑으로 아웃도어 시장은 매년 큰 성장을 거듭하고, 고가의 장비나 등산복이 잘 팔린다고 매스컴을 통해서 알 수 있다. 오죽하면 아웃도어 등산복이 국민교복이라는 말까지 나올 정도다. 많은 분들이 산행이란 좋은 취미를 얻어 건강도 챙기고, 삶의 활력도 얻고, 말로 표현할 수 없는 즐거움과 행복감을 느낀다고 하며 산을 찾아 자연 속에서 거닐다 보면 숲의 기운과 바람, 나비와 벌, 야생화로 능선은 꽃밭을 이루고 여기서도 방긋 저기서도 방긋 걸음마다 "나를 찍어 가세요." 하는 것 같다. 앙증맞고 고운 꽃들을 카메라에 담으면 자연적으로 힐링이 된다. 이보다 더 좋을 수는 없다.

산에 오르는 것을 등산이라 하며, 자연을 사랑하는 법을 배우고 산을 오르는 과정을 통해 건강한 신체와 극기정신을 기를 수 있다.

등산은 걷기가 부족한 현대인에게 심폐기능 강화, 인내력, 포용심, 하체강화, 신진대사 촉진, 스트레스 해소, 신선한 공기의 호흡 등 신체적 에너지가 필요하고 건강하지 않으면 오르고 내려올 수 없기 때문에 컨디션이 정상일 때 할 수 있는 운동이다.

산에 오르면서 배낭을 짊어지고 산행을 하기 때문에 땀이 나고 복식호흡을 하게 되므로 몸 속 노폐물이 빠져나가기 때문에 산의 기운, 나무의 기운, 파톤치드, 맑은 물, 바람, 햇빛 등을 무상으로 얻을 수 있어서 자연적으로 온몸 운동이 된다.

또한, 산을 오르고 내려오면서 잡념을 버리게 되고 명상을 하듯이 숲의 기운으로 심신을 치유하며, 산행 중 마주치는 운무와 바람을 같이 볼 수 있고 듣게 되면 마운틴 교향곡처럼 가슴이 설레고 환상적인 마음의 흡족함을 잊을 수가 없다.

푸른 하늘 아래 하나의 생명으로 태어나서 자연과 산을 좋아하고 삶 속에서 사람들과 어울려 산을 찾아 산행을 할 때는 조금은 밝은 색의 원색 옷을 입고 가는 게 좋을 것 같다. 멀리서도 눈에 잘 띄고, 안전을 위해서도 필요하고, 사진을 찍을 때도 보기 좋고 아름다운 색상이 마음에 들게 된다.

산천초목(山川草木)들이 우리를 반겨주듯 산길 따라 깨끗한 공기를 마시며 오를수록 숨은 차고 힘은 들지만 동행하는 동료들과 함께 격려하며 물과 간식을 나누어 먹으며 산행한다. 한 발 한 발 걸어서 산을 오르는 것이 별거 아닌 것 같지만, 이렇게 시작 되어 능선과 계곡 따라 기암괴석들의 오묘하고 경이로운 자연 풍광을 보는 것이 산의 정상을 향해 오르고 내려올 수 있는 힘이 되는 것이다. 등산하는 마음은 모든 것을 내려놓고 산에만 집중하여 힐링하고 풍요로움을 얻어서 본원으로 돌아가는 것이다.

산행을 통해 얻는 것이 인생살이와 비슷하다는 생각을 갖게 되며 산은 높고 낮음을 떠나서 어떤 산이든 쉽게 자신의 길을 내어주며 허락하지 않는다는 것을 알아야 한다. 산행에 임하는 사람들의 마음가짐과 체력에 따라서 산은 다르게 보이고 살아가면서 생활 주변에서 삶의 교훈으로 삼고 이정표가 될 수 있기 때문이다.

우리나라는 사계절이 있어서 좋다. 봄이 되면 잔설(殘雪)을 뚫고 연둣빛 파릇파릇 잎사귀가 돋아나서 산야는 녹색으로 물들기 시작하고 개나리, 진달래, 유채꽃, 산수유, 매화꽃, 엘레지꽃 등 봄의 전령사들이 게으름을 피우지 말고 빨리들 일터로 나가서 활동하라고 우리들을 독려하고 있다.

여름이 오면 진한 초록의 풍성한 잎들 사이로 작은 열매들이 달려 풍요로운 숲을 가득 메우고 비와 이슬을 맞고 성장을 한다. 초록빛으로 가득했던 한여름이 조금씩 자리를 비우고 시원한 바람이 불어오기 시작하니, 가을은 오색빛깔 창연한 아름다운 단풍에 취하여 정말 예쁘다. 바람 타고 단풍 물결은 기암괴석 사이로 번지듯 아래로 내려와 능선마다 계곡마다 단풍색으로 곱게 물들고 있다. 보통 단풍 색상은 일조량이 풍부하고 일교차가 크면 선명하게 물드는데 낮과 밤의 기온차가 크면 클수록 단풍 빛깔은 어느 해보다도 곱다고들 한다. 첫 단풍이 들고 보름 정도 지나면 산 전체의 80%가 오색빛으로 물들어 최고조의 절정을 맞는다.

나무의 변화무쌍한 자태를 보면서 아름다움은 이내 사라지고 수명을 다한 나뭇잎은 낙엽이 되어 떨어져 땅 위에 나뒹굴게 된다. 그리고는 썩어서 다른 나무와 새로운 거름으로 돌아간다. 가을비가 내리고 바람이 불어 나무는 가진 것을 다 주고 빈 가지 나목으로 남게 된다. 그리고 시인은 단풍과 낙엽을 보고 아름다운 계절의 사랑으로 표현하고 있으며, 작은 이야기지만 다가오는 추위를 견디려는 나무들의 겨울 준비이니, 그것도 다음을 준비하는 축복이라는 생각이 든다.

추운 겨울이 오면서 하얀 눈이 내리고 나면 도심지는 눈이 빨리 녹아서 사라지고 없지만 산 위의 눈은 오랫동안 하얀 세상을 만든다. 내린 눈이 나뭇가지에 쌓여서 또 다른 아름다운 하얀 눈꽃이 되어 겨울 산행을 즐기는 등산객에게는 눈길 산행의 진미를 느끼며 추운 날씨에 얼어붙어서 상고대가 되고, 햇빛에 녹으면 반짝반짝 물꽃이 되기도 한다.

겨울이 만든 순백의 화원인 산은 새하얀 옷으로 갈아입고 나무들의 머리 위에는 투구꽃처럼 커다란 눈덩이를 올려놓고 있는 것이 더 장관이다. 뜻밖의 선물이 겹쳐서 또 색다른 풍광을 본다.

여가생활로 즐기는 등산은 건강에도 좋고, 누구나 가볍게 할 수 있는 운동이다. 등산하면서 아름다운 산천을 바라보며 자연을 사랑하고, 잘 보존하고 다듬어서 있는 그대로 후손에게 물려줘야겠다는 생각을 한다.

 일상생활을 통해서 누구나 하나쯤은 가지고 있는 인생(人生)의 '버킷리스트'가 있을 것이다. 일하는 즐거움, 좋아하는 취미생활 등을 하면 그것이 바로 마음의 기쁨이고 행복일 것이다.

   * 버킷 리스트(bucket list) - 죽기 전에 꼭 해야 할 일이나 하고 싶은 일이다.

가을의 문턱에서

사랑 속의 나를 불태워 버릴 수 있는 숭고한 계절인 가을이다. 내 보잘 것 없는 존재를 넓디넓은 공간의 점에 불과하다고 의식도 해 보지만 나는 가을이 던져 주는 모든 친밀감에 가을만이 가진 헤아릴 수 없는 향기를 피부 깊숙이 들이마시고 서늘한 미풍에 뜨거운 심장을 식히며 바닷가를 걷는 것이 나의 즐거움 중 하나이다.

철부지 동생의 욕심 없는 투정으로 이 가을의 하늘을 마시고 싶다. 가을의 하늘은 참으로 모든 사람과 사람들을 함께 어울리게 하여 깊은 호수 속으로 밀어붙이는 그런 고독과 코발트빛의 포근함이 이상스레 균형을 이루어 서서히 가을의 이미지를 나타내면서 노총각의 부풀은 가슴에 꿈을 던지고는 어디론가 사라져 버리는 계절이다.

마치 아득히 먼 수평선에서 밀려오는 새하얀 물거품의 물보라와 같이 한 번 두드리고는 사그라져 버리는 가을. 그 순간 나의 정열은 타다 남은 연탄마냥 서서히 식어 버리고 마음에는 공허뿐이다.

이렇듯이 가을이 주는 색채는 수줍어하는 낯선 이방인을 생각하게 한다. 가을의 매력은 이런 부조화로 풍겨 나오는 게 아닌가 싶다.

가을빛에 타 버릴 잎사귀들의 보잘 것 없는 초라한 형색은 나의 텅 빈 가슴에 정열을 태우기 위해서 낙엽 냄새라도 한껏 마시고 싶다.

이제 이런 계절을 맞이하는 내 자신은 좀 더 머리 숙이고 싶어진다. 그리고 난 가을을 닮고 싶어진다. 가을의 이미지처럼 순수하고 티 없는 마음이 되고 싶다.

다가오는 가을에는 낙엽처럼 빨강, 노랑 등 아름다운 추억들을 줍고 갈 것이다. 그 가을이 떠날 때의 스산함은 꿈을 잃어버린 것 같을 것이다.

인간은 항시 꿈을 마시고 산다고들 한다. 언제나 꿈과 꿈의 연속이다. 이맘때 즈음이면 깊은 산 속에 들어가서 평범한 한 인간으로서 홀로 살고 싶다. 흙을 만지며 태곳적과 같은 숲에서 나의 소망을 마음껏 날려 보고 싶다.

나의 모든 믿음, 소망, 사랑이 붉어 가는 낙엽 한 장 속에 드리워 있는 것 같기에 더욱 더 낙엽을 좋아하고 가을을 기다리는지 모르겠다. 이제 나는 좀 더 사랑이 담긴 마음과 사랑을 아는 마음으로 깨우칠 때까지 가을의 공기를 한껏 들이마셔 보겠다.

가을은 결실의 계절임과 동시에 허무하고 서글픈 계절이다. 알알이 영근 벼이삭이 고개를 숙이고 산과 들엔 갖가지 이름 모를 애잔한 꽃들이 피어나 현란한 풍경을 자랑하는 시기가 지나면 퇴색된 잔디 위에 낙엽이 딩굴고 나무는 앙상한 가지만 달고 쓸쓸히 서 있을 것이다.

텅 빈 들판에 어쩌다 날아와 빈 들을 맴도는 잠자리가 유난히도 외로워 보이고, 밤마다 우는 벌레소리를 듣고 왠지 까닭 없이 서글퍼짐은 정녕 철부지 소학교 시절의 감상적인 마음도 아닐 것이다.

떨어지는 낙엽을 보면 누구나 어릴 적에 고향에서 일어난 조그마한 에피소드나 몇 년 전 가을의 소담스런 혹은 서글펐던 이야기들이 연상되고 끝없는 사색과 공상에 잠기게 된다.

입가에 잔잔한 미소가 흐르다가도 어느 결에 흐르는 두 줄기 얕은 물은 아마 눈물일 것이다. 그러다 보면 황혼에 접어든 타향살이 인생인 것 같아서 더욱 공허감에 휩싸인다.

인정이 메마른 현 사회에 적응해 나갈 우리들은 이런 감상적인 마음을 숨겨 두고 실생활을 배우고 익히며 사랑하여 정신교양을 넓히기 위하여 책과 싸우고, 곱게 물들어 가는 가을의 단풍을 닮아서 보다 아름답고 참된 인생의 행로로 가을이 가기 전에 매진해야겠다고 굳게 다짐해 본다.

강물 따라 꽃길이 열리네

지구의 자전과 공전으로 계절이 바뀌고 것을 우리는 삶을 살아오면서 누구든지 체험하면서 알게 될 것이다.

싹이 트고, 꽃이 피고 지는 자연현상 속에 탄생과 소멸이 반복되며, 순환적 질서에서 생명이 있는 모든 지구상에 존재의 본질을 함께 공유하며 추운 겨울이 지나고 생동감이 넘치는 봄이 되면 우리가 살고 있는 주변의 공원과 산과 들에는 녹색 잎과 꽃들이 나무와 야생화로 피어나면서 산유화의 미적표현과 인간과 나무, 풀과 흙, 물, 햇빛이 함께 관계를 맺고 각양각색의 여건에 따라 행복함과 충족감을 느끼면서 살게 된다.

따뜻한 봄이 오면 봄꽃들이 잔물결을 이루어 세상을 아름답고 화려하게 수놓으며, 연녹색의 신록이 싱그러운 숲 곳곳에 자리잡으며 보는 이에게 편안함과 희망을 느끼게 한다.

들판의 길 따라 피어난 알록달록하고 청초한 예쁜 들꽃들이 행복을 퐁퐁 뿜어져 나오게 하여 마음에 평온한 감정을 주는 들꽃세상을 열어 준다.

오고 가는 길에 마주치면 하얀 잇몸이 드러나는 미소가 절로 나오는 봄날의 기쁜 풍경이 된다.

　자기를 사랑할 줄 아는 자존심 강하고 독특한 각자 모습으로 별과 나비를 유혹하며, 나의 향기를 마음껏 가져가라며 봄바람에 손짓하며 화창한 자연과 함께 멋진 풍경이 펼쳐진다.

　밝고 맑은 태양빛에 따뜻한 봄날이 되어 새로운 계획을 세워 일을 시작하면, 그 마음이 실타래 풀리듯이 소박하면서도 바쁘게 움직인다. 이글이글 타오르는 태양처럼 발걸음이 가벼워진다.

　모든 이들은 꽃을 보면서 아름답다며 웃음짓게 되고 설레임에 행복한 표정을 접하게 된다. 그래서 발길을 따라 우리나라 최대 평야이며 곡창지대인 호남평야 주위를 감싸고 흐르는 남쪽 강물 길을 흐르는 여러 물줄기 중 섬진강이 흐르는 임실에 댐을 건설해서 수량을 늘이고, 만경강으로 흐르는 물에 낙차를 이용한 수

력 발전하여 국가 경제 성장과 함께 호남지역 산업화 발전에 크게 기여하고 있다.

 섬진강댐은 제방이 높고 저수용량이 많아 생활용수가 풍부하다 주변에 섬진강물 따라 마을과 물길이 형성 되어 봄이 되면 찬란하고 수려하게 각양각색의 꽃길이 지리산 허리를 둘러 도는 푸른 강과 함께 꽃들이 피어난다.

 제일 먼저 섬진강 하류인 광양 주변의 산길을 따라 순백의 매화꽃이 피면 봄소식이 전국으로 펴져 나간다. 그때 섬진강물 속의 재첩에 살이 올라 주변 식당들에는 재첩국을 즐기는 여행객들이 많이 모인다. 그 뒤를 이어서 구례 지역 산동마을 산수유가 산과 들을 노랗게 물들이고 나면 벚꽃도 뒤질세라 섬진강길 따라 양쪽 도로변에는 핑크빛 벚꽃길이 열린다. 10여 일 동안 꽃길을 보다 보면 바람에 꽃비가 내리면서 환상적인 드라이브 코스로 발돋음한다. 강길을 여행하는 사람이나 주변 마을 사람들은 어느 곳이든 예외 없이 섬진강길 따라 아름다운 꽃동네가 된다.

겨울 뒤에 오는 봄

　사람은 누구나 자신의 인생이 항상 봄날이기를 바라면서 살아갑니다. 봄은 생명력이 넘치는 계절이며, 추운 겨울을 이겨 낸 온갖 생명체들이 자신만의 독특한 모습으로 생명의 신비를 만들어 삶을 이어 갑니다. 그래서 사람들이 살아가는 인생의 계절을 봄날에 많이 비유합니다.
　봄날은 청춘의 시작이며, 소망의 빛이 싹트는 계절입니다. 모든 만물이 한 해를 살아가기 위해서 부지런히 터전을 가꾸고 넓혀 나가며, 작은 몸짓이라 할지라도 생명력이 강한 모습을 내포하면서 희망을 갖고 하루하루를 부지런히 도전하고 성취감을 위해서 일상 생활의 그림을 그리듯이 삶의 화폭에 아름다움을 동원해서 꾸준히 이어 갑니다.
　그러나 사람이 삶을 영위하다 보면 순탄하고 평범하게 살아갈 때가 더 많이, 길게 있지만 뜻하지 않은 훼방꾼이 끼어서 어둠과 함께 시련의 추운 겨울이 오는 것처럼 인생의 길은 요철 같은 사계절의 연속입니다.
　건강하던 몸이 병으로 아프기도 하고, 잘 나가던 사업과 직장 일도 주변의 악재로 흔들리고, 예기치 않은 사고로 고통 받고, 시

힘이 들어 좌절하고 살다보면 온갖 굴곡이 사람들을 힘들게 할 때가 많이 있습니다. 그럴 때마다 지난 과거의 영화롭던 시절을 못 잊어 매달리지 말고 현실을 빨리 깨우쳐 극복하는 더 나은 미래의 희망을 갈망하는 준비가 필요합니다.

도전하는 사람은 도전을 많이 할수록 당연히 실패도 많이 하게 됩니다. 그러나 거기서 잘못된 점을 반성하고 개선하여 체험을 통해 얻은 지혜를 헛되지 않게 성공을 위한 발판으로 삼고 희망과 잘 짜진 계획을 갖고 살아야 합니다.

세상을 살아가면서 우리는 가끔 인생살이에 회의를 느껴서 허송세월을 보낸다는 생각이 들거나 주어진 자리를 이탈하고 싶은 충동을 느껴보지 않으셨나요? 그렇게 느껴진다면 그만큼 오늘 하루를 부지런히 시간에 쫓겨서 살지 않은 것입니다. 아침부터 저녁까지 바쁘게 일에 매달려서 보냈다면 허송세월을 느낄 짬이 있었을까요?

우리는 먼저 오늘 일에 충실해야 되겠습니다. 오늘 일에 충실하지 않고서 내일을 기대한다는 것은 씨도 뿌리지 않고 밭에서 싹이 돋아나길 기다리는 것과 마찬가지입니다. 자신의 자리에 대한 중요성을 깨닫고 진정한 자기 모습을 정리하고 분수를 지켜서 나갈 때 틀림없이 아름다운 빛을 발하는 사람이 될 것입니다.

일을 하지 않고 편안히 쉰다는 것이 반드시 좋은 것만은 아닙니다. 일을 하지 않고 2~3일만 쉬어 보십시오. 몸이 뒤틀리고 안절부절 무엇이든 할 것 없나 이것저것 찾게 되고 힘이 듭니다. 쉬는 것도 일을 하고 나서 휴식이 되는 것이지 매일같이 쉰다고 해서 그게 좋기만 하겠습니까? 일을 하고 싶어도 할 일이 없거나 몸이 따라주지 않아서 못 하는 것은 그게 바로 지옥입니다. 바꿔서 말하면 열심히 일을 할 수 있다는 것 자체가 현역생활이고, 바로 행복이고 그 무엇과도 비교할 수 없는 천국인 것입니다.

사람은 누구나 매일 반복되는 일상 속에서 번뇌하고, 생각하고, 하소연하고 노래하며 세상의 일들을 이야기하면서 한시라도 가만히 있지 않고 인생을 달려 나가면서 살아가고 있기 때문에 감사하는 마음으로 생활을 살아가야 한다고 생각합니다.

우리들은 살아있기 때문에 고민도 하고, 일도 하고, 시간 낭비도 하고, 좋은 일에 기뻐하고, 슬픈 일에 마음이 아파서 잠 못 이루기도 하고 울기도 하는 것입니다. 은혜로운 설교나 강의를 들으면 가슴이 벅차오르고 감동을 느끼며 기억하고 삶의 이정표로 삼는 것입니다.

젊은 청춘만 꿈을 먹고 사는 것은 아닙니다. 인생 연륜에서 느껴지는 무기력한 자신의 처지에 비관이나 좌절감을 버리고 상상의 나래를 펴는 정도의 모험심을 품고 살아야 하지 않겠습니까?

현대 사회의 건강 나이는 길고, 아직 살아가야 할 날들은 많고 행복을 추구할 가족들은 있는데 내 보금자리와 울타리를 굳건히 지켜나가는 노련미와 필요한 일을 해야 하는 시기입니다.

인생을 살면서 느끼고 생활의 습관에서 오는 경험이 산 지혜이며, 행동과 실천으로 더 좋은 삶을 펼쳐나가야 하는 것입니다. 인간의 삶의 굴레는 늘 꿈 같은 생각을 만들고 마음을 잡아두는 그런 가슴에 사랑을 노래하게 하고, 또 가슴에 불타는 그리움에 추억을 모아 애틋한 지나간 사랑을 회상케 하고 내일의 행복지수는 오르락내리락 희로애락(喜怒哀樂)을 통해서 성장할 수 있는 지혜와 새로운 비전을 생각하면서 생을 이어 가는 인생의 발자취로 살아왔습니다.

가난한 시절 우리들 부모님을 생각해 보십시오. 자식들이 못 먹어서 배고프고 돈이 없어서 공부도 못 해 소외되지 않을까 하는 걱정에 온갖 궂은일 마다않고 하면서 정작 자신의 몸은 돌보지 않고 구걸하듯 자식들 뒷바라지 하던 모습을 생각하면 지금의 작은 불행은 아무것도 아닙니다. 우리 인생은 살아있는 한 가치가 변하지 않습니다. 실패와 패배로 잠시 구겨졌어도 가치는 변화 없이 그대로입니다. 사랑의 눈으로 마음의 문을 열고 세상을 넓게 보십시오. 내가 마음의 문을 닫아 버리면 세상은 나를 가두고 행복을 닫아 버립니다.

오늘날 우리가 행복해야 할 이유는 하나님께서 우리에게 최고의 삶을 기대하고 있고, 또한 그 모든 조건을 구비해 놓고 우리들의 삶을 영위하며 살라고 허락하셨습니다. 자연을 접해 보십시오. 식물이 꽃을 피우는 것은 자신과 똑같은 자손을 만들어 가기 위한 생명의 과정입니다. 얼마나 아름답고 행복의 연속입니까? 꽁꽁 얼어붙었던 추운 겨울이 지난 뒤 봄이 오는 세월을 이길 수는 없는 것입니다. 하나님이 주신 만물이 우리들을 위해 다시 따뜻하게 생명과 행복을 봄소식과 함께 주시기 때문입니다.

또한 고여 있는 샘물을 바가지로 퍼내면 또다시 고이는 샘물처럼 당신의 울타리 안에서 행복을 즐겨야 할 시간은 지금이고, 행복을 느껴야 할 장소도 바로 여기입니다.

가까운 곳에서 사랑과 행복, 주변의 아름다움과 함께 당신의 진면목을 보여 줄 때는 바로 지금부터입니다.

계절의 꽃들도 순서가 있다

　인간이 태어나서 어린 시절부터 어른이 되기까지 많은 세월을 살아가면서 변해가듯이, 우리 자연의 꽃들도 계절에 따라 변화무쌍하게 피는 것을 보고 순서가 있다는 것을 알았다.
　여러 해 동안 자연보호와 환경운동을 하면서 관심을 갖고 보면서 배우고 느낀 것이 참 많았다.

　산언덕에 눈이 녹기 시작하면 잔설 틈에 노란색 복수초가 피고 벌써 봄인가 싶어 두터운 외투를 벗어버리면 산과 들에는 진달래, 개나리, 목련이 피고 이것들이 시들고 새순이 나면 벚꽃과 연보랏빛 라일락이 피어 그 향기에 취해 우리들은 발걸음을 멈추고 나뭇가지를 보기 위해 잠시 기웃거린다.
　날씨도 따뜻해서 산기슭엔 엘레지, 노루귀, 생강나무, 산수유들이 피어 젊은 청춘 뿐만 아니라 모든 사람들의 마음을 설레게 한다. 아이들이 봄 소풍을 갈 때쯤에는 온 산에 붉은 치맛자락이 펄럭이고 철쭉꽃이 능선 따라 올라가며 핀다. 또 새로운 발걸음을 재촉하면 아카시아 향기와 밤꽃 내음이 힘없어 나른해진 몸을 보기 싫다고 활력을 주면서 코끝을 자극한다.

나들이 하기에 정말 기분 좋은 날이다.

어느덧 초여름에는 우리나라의 꽃인 무궁화와 접시꽃, 물봉선화, 나팔꽃 등이 청순한 모습으로 아침부터 활짝 피어 오늘 하루도 열심히 자기 일에 충실하며 살라고 여러 날 피고 진다.

한여름 들판에 핀 나리꽃은 화려한 여인네의 모습에 뒤질세라 강렬한 태양빛을 받아들여 예쁘게 피어 아름다움을 자랑한다.

연못의 수련도 육지에 뿌리내린 꽃들과 경쟁하듯 단아한 모습으로 더러운 곳에서 가장 아름다운 자태로 피어 커다란 잎사귀와 봉오리를 세워 그림을 그리거나 사진 찍기 좋아하는 이는 한두 번은 화폭에 담는다.

해 뜨는 아침에는 봉오리를 펴 빨간 꽃잎을 펼쳐 놓은 것은 생명을 자랑하며 저녁때 조용히 봉오리를 닫고 물에 잠긴 모습을 보면 어차피 마감할 인생인데 덧없는 욕심을 버리고 살자는 생각이 든다.

그즈음 다 이룬 것 같아 잠시 휴식하면 해바라기가 피어 아침부터 저녁까지 해를 따라 다니며 게으른 사람은 열심히 일하면서 살라고 결실의 전령사처럼 독려한다.

서늘한 바람이 울타리 너머 고추 말리는 아낙의 이마에 흐르는 땀을 식혀 주고 가냘픈 허리 흐느적거리며 코스모스가 피어 여러 날 길가에서 오가는 사람들에게 보여 준다.

가을의 시(詩)와 함께 바람은 나뭇잎 물들이고 억새와 갈대는 지난 추억을 되새기듯 실바람 따라 이리저리 나부낀다. 정녕 참다운 삶을 위해 계절의 의미를 부여하면서 자연의 꽃들은 생명의 원천수인 물과 함께 어우러져 살면서 우리들 인간에게도 같이 살자고 이야기한다.

 진정 건강한 삶은 땀 흘림에 있듯이 자연을 통해 공존, 공유하며 열심히 사는 모습을 바탕으로 참다운 결실을 위해 대지에 저장하는 작금(昨今)의 인생을 살아야겠다.

굴렁쇠 인생

 사람이 사는 데에는 그 나름대로 방법과 인생관이 있다고 합니다. 모든 사람들의 마음에 들고, 존경받고, 모두 잘하고 살기는 힘든 것입니다.

 자기가 목적하는 바를 설정하면 망설임 없이 전진하고, 그 척도에 따라 양보하고 단념도 하며 우회하면서 사는 것입니다. 올해도 부지런히 살아왔지만 이렇다 할 소득 없이, 이룬 것 없이, 진보도 없이 그저 평범한 삶의 연속이었습니다. 시간은 의미가 없습니다. 그러나 나이는 큰 의미를 가져다 줍니다.

 꽃이 피고 지는 것처럼 시작과 끝이 있고 계절이 바뀌면서 세상사 세월은 흘러갑니다.
 생명을 잃지 않고 순수하고 건강한 마음으로 살며 지킬 수 있고 넘어지지 않는 정신적인 자세와 건강입니다. 사람으로서 아름답고 참된 생의 터전을 영위하기 위해서는 자기에게 주어진 여건과 위치에서 마음껏 나래를 펴고 땀 흘려 일하고 연구하여 발전시켜 나가야 합니다.

사람은 사회를 떠나 살 수 없듯이 직장과 일터에서 일의 가치를 창출하고 성취감을 느끼며 돈을 벌어 생활이 윤택해지고 쓸 만큼만 있으면 족하다고 생각하고 살아갑니다. 그리고 배워야 한다는 것과, 가르쳐야 한다는 욕심과 행복해야 하는 삶의 충족이 맞물려 끝없이 번뇌하고, 비록 지금의 모습이 실정과 현실에 미치지 못하고 풍요롭지 않더라도 바쁘게 살며 생활시계를 재촉합니다.

내가 책임져야 할 가족이 있고 생활의 울타리가 있기에 땀 흘려 일한 만큼 삶의 조건은 가꾸어지고 행복이 오는 것입니다. 지친 상처의 응어리는 넓고 큰 아름다운 자연에서 여행하며 씻어버리고 재도약을 하는 것입니다.

사람이라면 좋고 귀한 것은 갖고 싶고, 간직하고 싶고, 부자로 잘 살고 싶은 것은 어쩌면 세상의 인지상정입니다.

겸손하게 인생을 설계하며 마음을 내려놓을 때 참다운 열정이 살아나며 그 열정은 천재의 능력보다 낫다고 합니다.

우리들의 눈앞에 펼쳐진 인생은 어떻게 살아가나에 대한 정답은 없다는 것입니다. 그저 희로애락(喜怒哀樂)이 결합된 종합작품이라 말할 수 있습니다.

세상을 살아가는 자신의 인생은 본인이 너무나 잘 알기 때문에 생각하며 지혜롭게 배운 지식과 기술, 경험이 압축된 환경에서 일하고 생활을 영위하며 바쁘게들 살아갑니다. 그러나 오늘날 사회생활을 하는 모든 사람들이 무엇에 쫓기듯 부지런히 활동하며 생활전선에서 일을 하는 것이 행복하게 살기 위함이라는 사실을 너무 쉽게 잊어버립니다. 일터에서, 산업현장에서 작업복이나 근무복을 입고 일하는 것을 자랑스럽고 행복함으로 느끼며 살아가는 문화가 형성되길 바랍니다. 일하는 것이 곧, 행복이라는 것을 누구나 어려서는 어머니의 품이 가장 편안하고 행복한 요람이었듯이, 타향살이에 지친 자가 고향을 그리워하듯 지나온 파란만장하고 험난한 삶이 좋은 밑거름이 되어 지금까지 살아온 과정이며 행복한 발자취라 생각합니다.

각박한 세상은 우리를 정신없이 시간에 쫓겨 살아가게 하고, 여유 있고 자유로운 시간을 가질 날을 꿈꾸지만 현실은 우리를 끊임없이 조급한 갈증 속으로 몰아갑니다. 사람들을 보는 마음에는 편견과 오해를 뛰어넘는 사랑과 용서, 이해와 배려의 마음이 줄어들고 있습니다. 누구나 가슴 한켠에 삶의 아름다운 순간들이 자리 잡고 있어 따뜻한 인간미를 발하여야 하는데도 각박해지는 것이 현실입니다.

자연의 순리에 따라 인생은 누구나 죽음을 맞이해야 하니 죽음 앞에서도 두렵지 않은 하늘의 이치에 맞는 삶을 살아야 하리라 생각됩니다.

세상은 마음의 거울이라 합니다. 즐겁게 보면 즐거운 세상이 되고, 형편없다고 생각하면 형편없는 세상이 됩니다. 이처럼 자기 기준으로만 외부세상을 보고 판단하는 것은 그릇된 것입니다.

요즘 모두들 경제적으로 힘겨워하며 사는 것 같습니다. 정(情) 어린 인간관계도 그렇고 경제 활동도 많이 줄어든 것을 피부로 느낄 수 있습니다. 얼마 전만 해도 경쟁하듯 화려하고, 멋있고, 편리한대로 리모델링을 요구하고 수리를 했지만 지금은 그렇지 않습니다.

조금 마음을 돌려 고정관념을 버리고 세상을 살아간다면 앞으로 살아가는 터전이 지속가능한 삶의 윤택한 좋은 환경과 단란하고 행복한 가정들이 되지 않겠습니까?

더 나은 삶을 향한 강한 용기와 희망이 벽돌 하나, 하나씩 쌓아올려 집을 짓듯이, 에너지와 어우러지는 것이 계절이 바뀌고 세월이 흘러가듯이, 삶의 여생이 세대를 아울러 우리들이 이루지 못한 것을 다음 세대가 쌓아올려서 둥글게 돌아가는 굴렁쇠 인생이라 말하고 싶습니다.

우리들의 행복은 그리 먼 곳에 있지 않음을 느낄 수 있는 마음과 몸, 사랑하는 사회와 가정이 되었으면 합니다.

인생의 여정이 어떻게 흘러왔던 지나고 보면 모두가 세월 따라 고뇌의 아름답고 멋진 삶의 희비애락(喜悲哀樂), 고운 추억인 것을…. 오늘은 무슨 추억을 남길까 생각이 깊어집니다.

당신의 인생 최고의 날은 아직 살지 않은 날들입니다.

그리움

 아카시아꽃과 밤꽃이 화려하게 산야를 수놓는 신록을 느끼며 어버이날을 즈음해서 용미리 성묫길에 나섰다.
 어린 시절 사랑과 보살핌으로 자란 발걸음이 어느덧 성인이 되어서 어머니, 아버지가 계신 왕릉식 추모의 집을 찾아 봉분을 보는 순간 눈물이 핑 돌아서 발길을 멈추고 먼 산을 바라본다.
 이제 먼 곳 하늘나라에서 그림자가 되어서 우리들을 보살피심에 항상 감사드리면서 살아갑니다.
 누구든지 세상에 와서 살다가 흙으로 다시 돌아가 잡초로 살아가는 것은 당연한 것이라 알고 있습니다.
 살아생전 서로가 부둥켜안고 시간을 보냈던 날들이 좋든 싫든 아름다운 청춘의 시절과 중년의 세월은 흘러가 버리고 다시

순환되는 인생길에 씨앗 하나 땅에 심어 보면 알 수 있듯이 싹이 트고 자라서 가지가 벌어지고 꽃이 예쁘게 피어 잠시 사랑을 받고 시들어 저버리는 것처럼 야생의 자연은 살아 숨쉬고 있는 세상의 공간이다.

자라서 결혼하고 자식들을 낳아 길러 보면서 느꼈던 부모님의 사랑과 정성에 대한 내리사랑을 새삼 느끼며 잊지 못하는 아버지, 어머니의 사랑을 가슴 깊이 그리움으로 담고 살아갑니다.

언제나 평화로운 하늘나라에서 행복하세요.

못난 아들자식은 온 마음 다해 감사 기도드립니다.

나무의 생존 지혜

　자연의 가족인 나무는 생존의 몸부림으로 봄에 또다시 녹색 잎을 만들어낸다. 숲이 초록으로 물들기 시작하면 여기저기서 나무들은 뿌리로부터 물을 끌어올려 꽃을 피우고, 성장의 날개인 가지를 햇빛 따라 펼쳐나간다.
　그렇지만 우리나라 한반도의 산림이 울창하게 된 것은 그리 길지 않았다. 땔감 사용으로 인해 이미 조선시대부터 온 국토가 민둥산 일색이었다고 한다. 일제 강점기 때 각 학교별로 나무를 심는 운동을 벌였으며 한국전쟁 이후 산야는 폐허로 변하였고, 난방용 석탄 도입과 함께 대대적인 산림녹화사업을 실시하게 되었고, 이때 식목일이 지정 되어 온 국민이 식목일에 나무심기 행사에 동원되었다고 한다. 덕분에 녹화사업은 10여 년 만에 성공적으로 완수 되어 세계적인 모범사례로 기록되며, 지금은 온 국토에 풍요로운 산림을 가지게 되었다.
　나무 심기를 통해서 쾌적한 생활환경을 조성하고 산림 자원 육성을 촉진하기 위해서 정부에서는 식목일을 지정하여 나무사랑 정신을 북돋우고 산지의 자원화를 위하여 국토 전체를 나무 심기로 산림녹화사업이 성공을 이룬 것이다. 온 국민들이 공들인 결과이다.

사계절이 뚜렷한 우리나라의 가을 산야는 만산홍엽(滿山紅葉)을 예찬하지 않을 수 없다. 가을철은 울긋불긋 화려하고 아름다운 자태 뒤에 초록색에서 붉은색, 노란색, 갈색 등으로 물들어 가고 있다. 나무들이 각자의 모양과 색감으로 숲을 가꾸는 가을은 감동적이다.

붉은색으로 물드는 대표적인 나무는 단풍나무이고, 노란색은 은행나무이며 갈색은 상수리나무, 갈참나무 등이 있다.

우리는 흔히, 가을을 떠남의 계절이요, 이별의 노래가 불리는 계절이라고 한다. 나무는 가장 왕성한 활동 시기에 새 생명을 만드는 것이다. 미리 준비하는 유비무환의 정신이다. 한여름부터 다음 해의 새봄에 잎이 되고 꽃이 될 생명인 겨울눈을 만들고 정성스럽게 키우기 위해서 준비한다. 오늘 곱게 물든 나뭇잎이 떠나는 것은 숙명이다.

제 몸의 전부였던 잎들을 아낌없이 버리는 것이다. 단풍이 드는 것은 늦가을에 나무가 여름철에 무성하던 잎을 떨어뜨려 겨울나기를 준비하는 단계라고 한다.

사계절의 변화에 순응하며 자신을 버리고, 희생하고, 죽어서 거름이 되어 새 생명으로 부활하기 위한 길이고, 우리들의 인생과도 마찬가지인 것이다.

겨울철을 무사히 넘기고 새봄에 새 잎을 피우기 위해 결단한다. 겨울은 사람에게나 나무에게나 다 시련의 시기이다. 가을이 되면 나무들과 사람들이 월동준비로 김장하고, 땔감을 준비하는 것처럼 겨울나기를 준비하고 있다.

다른 점은 사람들은 두꺼운 옷을 한 벌 한 벌 껴입지만 나무들은 한 겹 한 겹 옷을 벗는 것이다. 추운 겨울에 왜 옷을 벗을까 궁금하겠지만 나무는 겨울이 되면 땅이 얼고 햇빛을 많이 받을 수 없기에 겨울이 오기 전에 나뭇잎에 있는 양분과 수분을 다 나무줄기와 뿌리로 보내고 스스로 단식을 한다. 이것이 아름답게 단풍이 드는 현상이다.

고운 단풍은 나무를 살리기 위한 단식에서 나오는 나뭇잎의 희생이다. 어느 날 나뭇잎이 마르고 떨어지게 되면 그 나뭇잎은 나무 발등을 덮어 주어 추운 겨울에 이불이 되어 주고 끝내는 썩어서 나무의 자양분이 되어 나무를 키우는 거름이 되는 것이다.

그러므로 나무는 사람들에게 잘 보이기 위해서 의식하지 않고 생명보존에만 정성을 다하고 성장하며 나무는 앞뒤가 없다. 보는 이가 보는 쪽이 앞이고 뒤이다. 한낱 미물에 불과한 나무가 우리에게 가르쳐 주는 나무의 지혜가 여기에 있다.

나무가 주는 교훈처럼 할 일이 있을 때 최선을 다해서 성과를 내고 유비무환의 정신과 마음을 내려놓고 비우는 자세가 필요하다고 생각한다.

대승폭포 가는 길

　일상생활에 젖어서 바쁘게 살다 보니 취미로 즐기는 등산도 자주 가지 못하고 세월을 보낸다. 자연이 선사하는 풍경에 대한 기대감과 설렘이 함께하며 비가 온 뒤에 폭포에는 물이 얼마나 될까, 가보고 싶은 마음이 온종일 찾아오는 시간이었다.

　가보고 싶은 산 중에 설악산은 안 가보면 일손도 안 잡히고 가슴앓이로 고민하게 되는 명산이기에 더욱 그렇다. 며칠 혼자 생각으로만 시간을 보내다가 아내에게 이야기를 하니 같이 동행하겠다고 해서 도시락과 등산장비를 챙겨서 길을 나섰다.
　서울에서 출발해 양양행 고속도로를 거쳐서 동홍천 인터체인지를 나와 인제 방향으로 44번 국도길로 운전하여 드라이브를 즐기며 설악산 장수대로 질주했다. 입구에 도착하니 10여 대의 차량만 주차 되어 있는 한적한 산길이었다.
　한계령 길목 장수대길은 옛 길이라서 운치 있는 강원도 산길이 그렇듯이 그림같이 아름다운 산세가 빛나고 멋진 드라이브 코스라 생각한다. 산수화 그림이 병풍처럼 둘러쳐져 있고 숲의 나뭇가지는 아름드리 초록으로 녹음이 짙고, 계곡 물 흐르는 소리가 여름의 시원함을 더한다. 평일 날이어서 그런지 사람들도 별로 없고 이렇게 경치 좋고 아름다운 곳을 스쳐서 지나가는 차들이 더 많은 것 같다.

 이곳 장수대는 6·25전쟁 당시의 전투에서 설악산을 수복하면서 죽은 장병들의 넋을 위로하기 위해 지어졌다는 건축물이 특징이고, 예전에 좋은 의미로 세워진 건물이 찾는 이가 적어서 방치된 채로 있는 모습을 보며 참 안타까운 마음이 들었다.

 장수대 내설악의 비경은 산과 계곡이 아름답게 어우러져 빛나고 있고, 계곡 따라 올라가면 소승폭포, 옥녀탕, 가마탕, 대승폭포, 대승령으로 이어지는 등산로가 나와서 산을 찾는 이들에게 제공되는 휴식처로 손색이 없는 곳이다.

 한여름철 산행길은 고온다습한 환경 때문에 올라갈 때마다 숨이 차고, 다리가 아프고 걸음걸이가 늦어지는 것을 피부로 느낄 수가 있다. 그나마 다행인 것은 간간이 구름이 끼어서 뜨거운 햇빛을 피할 수가 있다.

 더워서 무척이나 힘든 여름 산행이긴 하지만, 설악은 여름 풍경도 변함없는 기암괴석과 비온 뒤에 많은 양의 물소리가 더욱 우렁차고 시원한 바람과 함께 멋진 풍경을 보여 준다.

 마음이 청량해지고 눈과 귀가 행복한 산행 시간이며 마음의 평화를 얻는다. 메마른 대지보다는 생명의 물이 흐르는 나무와 새가 있고 계곡과 숲이 좋다.

 산행이란 걷는 게 힘이 들고 숨이 차지만 일단, 산에 와서 움직이다 보면 그 나름대로 즐거움과 추억이 쌓인다.

 잠시 쉬었다가 몸과 마음을 추슬러 목적지를 행해 걸어 올랐다. 해발 800m 위치에 있는 대승폭포 전망대에 도착하여 시원하게 쏟아지는 88m 수직폭포를 보면서 사진도 찍고 주변의 풍광을 보니 멋있고 우직한 산의 기를 받는 행복감을 느끼면서 잘 왔다 싶다.

대승폭포 산행은 여러 번 왔다 갔지만 올 때마다 맑은 날에 오다 보니 폭포에 물이 거의 없을 때만 보고 갔는데, 오늘은 비가 온 뒷날이라서 쏟아지는 물길이 어느 정도 수량이 많았다.

폭포 전망대 앞 바위 위에 자리를 펴고 점심 도시락을 아내와 함께 즐거운 마음으로 먹고 있는데 어디서 냄새를 맡고 왔는지 개미와 이름 모를 날파리들이 모여들어서 밥을 먹는 동안 애를 먹었다.

대승폭포 전망대 앞 바위에 구천은하가 새겨진 암각화를 보고서 주변을 살펴보니 내용이 표지판에 기록 되어 있다. 대승폭포의 장쾌함이 중국 여산폭포에 뒤지지 않는다는 자부심을 표현한 구절이며, 옛 선인들이 바위에 기록한 것이라 한다.

대승폭포의 위용은 해발 800m에 위치하고, 높이 88m 수직 절리 형으로 금강산의 구룡폭포, 개성 천마산의 박연폭포와 함께 한국의 3대 폭포로 알려져 있으며, 대승이란 청년 이름에서 따온 전설이 있다. 홍색반상 화강암으로 이루어진 수직 절리형 폭포로 절벽에서 떨어지는 물이 낙차와 폭이 가장 큰 우리나라의 장엄한 폭포이다.

한 줄기로 내리꽂히는 대승폭포가 남성적이라면, 아래쪽에 있는 소승폭포는 물길이 뒤틀리며 성정이 고운 여성을 닮았다는 생각이 든다. 미려한 폭포수의 마찰음은 한여름 청정자연의 소리와 숲 빛깔이 닮았다. 그 비경 앞에서 사진을 찍으면서 우리나라의 아기자기한 설악산 모습에 가슴 벅찬 순간을 마음에 담으며 잊을 수가 없다.

산을 내려와 홍천으로 코스를 잡고 백암산 가령폭포로 올라가서 많은 수량의 물이 떨어지는 장엄하고 멋진 폭포에 물안개를 손으로 만져보면서, 오늘의 산행을 마무리하고 입구에 있는 폭포식당에 들러서 막국수 두 그릇을 주문해서 아내와 나누어 맛있게 먹고 다시 귀경길에 올랐다.

소승폭포

대승폭포

덕유산 눈길 산행

추운 겨울날 아침 6시에 기상해서 아내와 함께 장비를 챙겨들고 일행들과 만나기로 한 약속장소로 이동하여 차량을 나누어 타고 덕유산이 있는 무주구천동으로 달려갔다.

오전 10시 30분에 리조트에 도착하여 곤돌라 왕복티켓을 구매하고 20여 분 걸리는 거리를 곤돌라를 타고 설천봉에 도착하여 일행들은 아이젠을 착용하고 산행을 시작했다. 설천봉 주변은 전날에 내린 눈으로 아름다운 백색 설경의 나라가 되어 있었다. 상제루 돌담 건물벽과 지붕에는 눈과 찬 바람이 만들어 낸 눈꽃이 얼어붙어 빙벽이 되어 있었다.

향적봉(해발 1,614m)으로 올라가는 길은 스키 동호인들의 모습과 등산객들이 어우러져 인산인해(人山人海)를 이루고 있었다.

눈이 많이 쌓여 있어서 길은 더 좁고, 미끄러지고 ,넘어지며 올라가는 사람들과 내려오는 사람들이 뒤엉켜서 좁은 눈길의 등산로는 무릎까지 빠져든다.

대설원의 부드러움과 나뭇가지마다 눈꽃의 향연, 상고대의 바람과 서리꽃이 가지마다 어우러져서 겨울 산행에 최적지라고 덕유산이 왜 불리는지 실감할 수 있었다.

먼 거리를 달려온 것이 아깝지 않고, 보너스로 얼음꽃 절경을 맛본다.

하늘에서 내린 눈이 나뭇가지에 몽실몽실 매달려 하늘의 설화를 순백으로 품고 있는 풍경을 보면서 축복의 은총이 이 세상에 가득 내린 듯 마음이 평화롭고 산객들은 일제히 탄성을 자아낸다.

눈이 내린 겨울 산행은 정말 힘들다. 아이젠을 착용하고 스틱을 사용해도 주변의 나뭇가지나 로프를 이용해 미끄러운 길을 걸어가야만 한다.

밤새 내린 눈이 산야에 가득하다. 산 위에 내린 눈의 일부는 나뭇가지에 매달려 새벽에 기온이 낮게 떨어지면 눈이 얼어붙어서 눈꽃이 화려하게 핀다. 높은 봉우리로 올라갈수록 추운 곳에 있는 구상나무와 주목나무는 서리꽃이 얼어붙어서 환상적인 빙결이 만들어지고 백색의 투명한 얼음꽃이 새우 꼬리모양 상고대로 바람과 추운 날씨가 만들어서 많이 볼 수 있었다.

산 위의 찬 바람은 앙상한 나뭇가지를 때리며 하얀 솜옷을 걸쳤고 파란 하늘의 햇빛에 일부는 녹기 시작하여 맑고 깨끗한 수증기로 승화된 서리 상고대는 자연적 그림으로 반짝반짝 물꽃이 된다.

한 폭의 물꽃 산수화는 낮게 뜬 운무와 춤추며 투구처럼 피어 눈 쌓인 설화로 자연의 빙화꽃이 피고, 아름다운 바위 덩어리에는 눈이 얼어붙어서 하얀 빙벽이 되어 깨끗한 세상을 만들어 주고 있다.

눈꽃 산행을 하면서 혼자 보기 아까워서 사진을 찍어 카톡으로 지인들께 보내면, 기쁨의 환성들이 답장으로 들어온다. 상고대란

급냉각 된 미세한 물방울이 나무의 측면에 붙어 동결 되어 순간적으로 생긴 얼음을 말한다. 꽃같이 피어올라 얼음꽃이라고도 하는데 엄동설한에 피어올라 얼음꽃의 향연이 향기는 없어도 봄꽃 못지않다. 상고대는 바람이 강할수록 크게 성장하고, 눈꽃은 폭설이 내릴수록 탐스럽게 피어난다고 한다.

눈꽃 산행길은 정상을 찍고 내려오는 색다른 경험이었고, 내 생에 처음 겪어 보는 겨울 산행의 진미를 마음껏 느끼며 행복감에 젖어 본다.

산행길이나 인생길이나 최고 절정에서 아래로 내리는 길이 순리라고 생각된다. 아쉬운 마음은 파란 하늘에서 주는 희망을 얻어 가는 것으로 만족해야 한다.

은빛세상의 눈꽃처럼 여러 봉우리를 찾아다니며 바람결에 산행의 아름다움을 같이한 일행들과 나누어 갖는다. 자연은 찾는 이가 경험할 수 있고, 맑고 좋은 아름다운 풍광을 볼 수 있고 체험할 수 있는 세상은 겨울 산행을 하면서 느낄 수 있다.

자연인 산과 인간이 하나 되어 얻는 기쁨이 '마운틴 오르가슴' 이다. 특히, 겨울 산행은 여러 시간 동안 발에 아이젠을 착용하고 산길을 걷다 보니 쉽게 몸이 지치게 되고 긴장이 풀리며 사고를 유발할 수 있기 때문에 여유 있게 페이스를 조절하면서 지참한 물과 간식을 섭취하여 체력이 방전되는 일이 없도록 철저한 준비와 즐거운 산행이 되도록 짜임새 있는 자세가 필요하다.

어느 계절이든 산은 우리를 받아들이지만 산이 좋아, 눈이 좋아 눈길에 빠지며 추위를 이겨 내는 겨울 산행은 또 다른 묘미를 준다. 겨울 산행은 아침 일찍 가야 한다. 해가 짧아서 빨리 지기

때문에 하산할 때 안전을 위해서 어둡기 전에 내려와야 한다. 특히, 겨울 산행은 날씨 변화가 크기 때문에 자신의 능력에 맞는 산행거리와 코스를 선택해야 하며, 산행과 휴식을 병행하며 조절해서 지치지 않고 이어 가는 산행이 바람직하다.

　평상시 겨울이 되면 춥다고 실내에서만 생활하고 밖으로의 외출을 자제하는 사람들도 자연 풍광에 빠져서 뽀드득 뽀드득 소리장단에 걷기를 한다면 좁아진 자신의 어깨가 펴지면서 한시름 달래고 일상으로 복귀하면 기쁜 마음으로 일과 행복이 증가할 것이다. 추위를 이겨 내는 자신감과 간단한 산행을 통해서도 에너지를 충전하고 훈훈한 이야기를 가득 담아 행복한 산행기를 얻고, 봄눈 녹듯이 스르륵 스르륵 우리들의 험한 마음이 녹아내리고, 스트레스도 해소하고 새로운 비전을 갖고 삶을 만들어야겠다. 우리들의 삶도 산을 오르면서 느낀 것처럼 희로애락의 인생길을 평화롭고 행복하게 만들며 살아갑시다.

마음의 향기, 사랑의 향기

어머니!

당신은 거룩한 하늘과 아늑한 바다와 같습니다. 다정한 눈과 따스한 손길로 삶의 굴레에서 떠도는 사랑하는 자식들을 성장의 길로 내몰아 초롱초롱한 젊음의 꿈과 새벽같이 열리는 가슴을 주셨습니다. 그리고 실바람 여미는 작은 바람은 당신의 얼굴과 마음에 그늘짐 없이 밝은 소망으로 하나님 사랑 속에 평강을 누리라는 것이었습니다.

네 스스로 부지런히 성장하고 꿈을 이룩하라고 당신은 힘들고 어려워도 내색치 않고 뒷바라지에 정성을 다하셨습니다. 한껏 뛰놀다 삶에 찌든 지친 몸으로 돌아온 날 맞이하시는 당신은 줄곧 안식처요, 보금자리였습니다. 또 먼 곳을 떠나는 날에는 소리 없이 슬픔을 덧없는 눈물로 자식을 비는 위안이 몇 번이나 옷자락을 적시는지 알고 있습니다. 언제나 당신은 내 가슴 속에 계시고 제일 좋은 벗이었습니다. 만일 당신이 아니었더라면 젖빛이 유유히 흐르는 그 먼 몽롱한 꿈의 나라와 세상을 알지 못했습니다. 모든 어머니들이 이렇게 자신의 길인 양 희생하며 살아왔음으로 나는 이런 어머니가 좋습니다.

어느 날, 일요일 저녁 성경책이 들어있는 가방을 들고 집에 오니, 어머니가 저녁 준비를 하시면서 인사를 받고는 하시는 말씀이, "점포를 가지고 장사하는 사람이 문을 닫아 놓고 교회에 가면 어떡하니? 일요일에는 손님들이 더 많아. 물건 사러 왔다 되돌아갔다면서 손님들이 나한테 와서 아들 가게는 문이 잠겨 있어 물건을 사지 못하고 그냥 간다."며 짜증이 섞인 어조로 이야기하고 갔다고 하신다. 그러면서 "하루 문을 안 열면 얼마나 손해인 줄 아니?" 이렇게 한마디 더 거든다.

아들이 학창 시절 미션스쿨에 다니면서 교회에 다니는 것을 싫어하셨던 어머니는 이런 이유로 반대하셨다.

어린 시절 잔병치레를 하던 아들을 절(사찰)에 가서 수양아들로 부처님께 입적했다고 하시며 너는 교회에 다니면 안 된다고 하셨다. 그렇지만 아들은 어머니께 "동네에서 친구나 선배 건달들과 어울리며 나쁜 짓하고 경찰서에 잡혀가는 것보다는 교회에 다니면서 착한 사람으로 살고 싶다."고 주장하며 어머니의 뜻을 따르지 않고 30여 년 교회를 다녔던 것입니다.

이렇게 어머니의 뜻에 따르지 않고 30여 년 아들이 교회에 다니는 것을 못마땅하게 생각하시던 어머니가 환갑이 지난 어느 날, "얘, 아범아! 너와 같이 차 타고 교회에 내년부터 가도 되니?" 하시는 것이다. "예? 뭐라고 하셨어요?" 아들과 함께 교회에 다니고 싶다고 하신다. 그러면서 남들 보기에 창피하여 아무에게도 말하지 않고 3년 전부터 아침 일찍 어머니는 학교를 다니면서 한글도 배우고 숫자공부와 한문 등을 배웠다고 하셨다. 그러나 오늘 배운 것을 내일 가면 잊어버리고 또 복습하고…. 그렇게 하기를 3년이란 세월이 지난 뒤 생각해 보니 60여 년 살면서 무엇보다 나도 글을 읽을 수 있어 좋다고 하셨다.

오래 전부터 너와 같이 교회에 가고 싶었지만 글도 모르고 모든 것이 부끄럽고 창피해서 도저히 용기가 나지 않아 이렇게 살다 죽으면 그만이지. 자포자기하셨던 분이 어느 날 TV광고에서 "학교를 다니지 못해서 배우고 싶은 욕망을 놓친 사람은 오라." 는 광고를 보고서 학교를 찾아가 "60살이 넘은 할머니도 다닐 수 있느냐?"고 망설이며 묻는 모습을 본 여직원이 다가와 "할머니 같은 분은 부끄럽거나 창피하지 않아요. 젊은 사람도 많아요. 걱정하지 마시고 열심히만 다니면 되요." 하고 접수를 받아 주어서 다니게 되었다고 하면서, 전에는 일요일 아침이면 이웃에 사는 친한 동네사람들이 가족들과 함께 차 타고 성경책 들고 교회에 가는 모습이 부럽고 좋아보였다고 하신다. 또 다른 교회에 다니는 사람들이 전도하러 집에 와서 이야기하면 아들이 왕십리에 있는 큰 교회에 다니는데 다른 교회는 갈 수 없다고 돌려보냈다는 이야기도 하신다.

어릴 적 일제 식민지 시절 시골 친정부모가 초등학교만이라도 보내 주었으면 이렇게 60여 년을 답답하고 눈먼 인생살이는 하지 않았을 것 하면서, 이제라도 글을 읽을 수 있으니 얼마나 좋은지 모르겠다고 하시며 지난 고생스런 세월을 회상하시며 눈시울을 적시었다. 그래서 너희 자식들만이라도 가르치고, 먹이고, 살고 싶어 이런저런 안 해 본 장사가 없을 정도로 고생을 낙으로 알고 살아왔다면서 가난하고 못 배운 사람은 복도 없이 남편도 일찍 죽고 없어서 혼자서 자식들 키우면서 고생을 더했다고 푸념이 길어지신다.

   자식인 내가 늘 같이 생활하면서도 이런 어머니의 고충을 일일이 모르고 나의 생각대로만 생을 살아왔던 것이 너무 죄송하고 불효한 마음뿐입니다. 부족하고 철없는 이 자식을 다시 꾸짖어 주셨으면 얼마나 좋겠습니까?

   어머니!
   어느 해 봄날 친목회 모임으로 첫나들이 가는 날이었습니다. 어머니께서 "어멈아, 내일 아범 등산 가는데 도시락은 내가 준비해 주마. 너는 손주들 것만 준비해라." 하시며 "아범 학교 다닐 때 돌아가신 할아버지 사업이 실패하고 난 뒤 너무 가난해서 자식들과 먹고 살기 위해 새벽부터 시장에 나가 장사하다 보니 따뜻한 도시락 한 번 싸 주지 못한 것이 항상 마음에 걸려서 내가 아범 도시락은 싸 주고 싶구나." 하신다. 그 이야기를 들은 저와 아내는 마음 한구석 찡한 것을 느꼈습니다. 아침 일찍 출발한 저는 산에 올라서 동료들과 함께 점심 도시락을 먹으며 모두들 건강과 행복을 위해 기도하고서 기쁜 마음으로 도시락을 비웠습니다.

   오늘도 어머니는 즐거운 마음으로 책가방을 들고서 아침 일찍 교회로 향하신다. 교회에서 운영하는 노인대학에 가시는 거다. 배우는 것이 즐거워서 싱글벙글 하신다. 노래, 춤, 영어도 가르쳐 주고 공작도 만들고 소풍도 간다고 자랑하신다. 일주일에 한두 번 가는 데도 교회 가는 날만 손꼽아 기다리신다.

　어머니는 늘 내 삶 속에 머무르면서 인생삼락(人生三樂) 접하며 생을 누리는 것이 가정의 꽃이라 하신 말씀을 잊지 않고 살고 있으나, 모든 것이 내 마음대로 노력만 가지고 되는 것은 아니었습니다. 슬픔과 괴로움, 가난도 슬기롭게 이겨 내신 당신의 훌륭한 업적에 정녕 뜨거운 마음을 드립니다.
　꿈과 빛과 사랑으로 숨겨진 당신의 정성을 배우며 거짓 없는 마음으로 한구석 텃밭이 되어 자식다운 인간으로 가족들과 함께 행복하게 오래오래 살고 싶습니다.

　그러던 어느 날, 항상 건강하시고 자전거도 잘 타시던 분이 속이 아프고 소화가 안 된다고 하시어 여러 병원을 찾아다니며 검사를 한 결과, 담도암 판정을 받고 H병원에 입원하여 여러 달 치료를 받았습니다.
　병실 창문 너머 왕십리 교회 쪽을 바라보시며 여러 해 어린 자식들과 함께 살던 집과 아파트 사이 종탑을 보면서 빨리 완치되어서 걸어 나가신다고 하신다.
　병문안 오신 교회식구들께는 주일날 교회에서 만나자고 약속하신다. 저런 모습이 어머니 원래 모습인데, 어렵고 힘든 삶을 혼자서 이루고 살아왔던 분이신데, 효도도 못 받고 너무 일찍 가시는 것은 아닌지 걱정만 앞선다. 큰 고통 없이 평안한 투병생활을 위해 무엇을 해야 할지 몰라 하나님께 기도드립니다.

하나님을 알고 사랑받기를 인생 황혼에 와서 알게 된 것을 못내 아쉬워하며 새로운 믿음에 세상을 격려하며 돌봐 주신 주위의 성도님들께 고맙다는 이야기를 병상에 누워서도 여러 번 찾아오는 병문안 손님들께도, 가족들한테도 인사하신 모습이 지금도 선합니다. 우리 부부의 손을 잡고서 부부 간에 다투지 말고, 형제 간에 우애 있게 서로 양보하고 사이좋게 사랑하며 살라고 하신 당신을 잊을 수 없습니다.

당신을 알았던 모든 이들의 마음도 저와 같이 참사랑을 두 손 모아 드리는 기도로 하늘나라로 이사 간 어머님께 드립니다.

어머니가 돌아가신 날은 따뜻하여 많은 분들이 오셔서 우리들을 위로해 주고 어머니께서 편안한 하늘나라로 가시도록 축복해 주셨습니다.

어머니! 햇볕 잘 드는 추모의 집은 찾는 이의 마음을 움직여 슬픔 대신 희망을 주는 것 같아요. 고인의 모습을 떠올리며 실컷 울고 난 후에 속 시원함을 느낄 수 있고, 슬픔은 나누면 반이 되고, 기쁨을 나누면 배가 된다고 하였던가요?

어머니! 글을 쓰기는 했지만 부칠 곳이 없어 몇 번이나 망설이다 책을 만들어 많은 분들과 나누어 보면서 하늘나라로 이사 간 어머니께 전합니다.

영원한 천국에서 행복하게 사세요.

부부란 인생

　사랑이란 인연으로 만나 행복의 날개로 부부의 꽃이 되어 안내하고, 사랑하고 이해하며 부지런히 일해서 행복의 보금자리를 쌓아갑니다.
　정이란 이름으로 오랜 세월 동안 서로의 마음을 담아 표현하고 기쁨과 슬픔, 이심전심(以心傳心) 힘들고 어려운 것도 격려하고 위로해 가며 살아가는 우리들입니다.
　당신께 나의 마음 전해주며 사랑의 인생이라 그대의 향기와 따뜻한 숨결을 가만히 눈을 감고 음미하며 그렇고 그런 생활, 이런 게 결혼 생활인가. 살아온 세월만큼 추억만 먹고 살아도 배부르게 살아갑니다.
　포근한 가슴을 가진 순수한 당신 때문에 내 등 뒤에서 그림자가 되어 가슴 시리도록 아름다운 사랑의 사연들, 나의 부족함을 알면서도 무조건 주면서 받아 주는 당신입니다.
　인생이란 참 알 듯 말 듯 마음 속에서만 꿈틀대는 것인가. 세월이란 발자취에 그림자로 남아 이어져 오는 것인가.
　반 평생 자식을 낳아 기르고 가르치면서 뒷바라지에 젖은 손이 마를 날 없어 거칠어진 손마디가 애초롭소.

　당신을 닮아 마음엔 행복을 키우며 가슴 따뜻한 사람, 멋진 인생, 내 생애 봄날은 계속되길 바라며 살만 한 가치가 있다는 생각이 가득합니다.

　내가 어디로 가나, 어디에 있으나 당신은 항상 내 마음의 갈증을 해소시켜 주는 사랑의 샘입니다. 넓은 세상, 삶의 샛길로 나가 살게 합니다. 많은 사람들과 만나면서 일을 하고 기쁨을 느낍니다.

　멋진 인생 더불어 이해가 되면서도 생각은 깊어지고 대충 주어진 대로 살아야지 하면서도 꿈은 있어 후회 없는 인생을 추구합니다.

　인생을 살면서 사연 없는 생활이 어디 있겠습니까?

　가난하고, 부자라고 해서 외로움을 모르고 슬픔을 모르겠습니까? 그렇지만 우리들의 사랑에는 손잡이가 달려 있어 함께 잡고 살아갑니다.

　상대방을 배려하고 이해해 주는 것이 사랑이며, 가족 간의 온전한 행복을 위해 세상을 함께 바라보는 거울로 살고 싶습니다.

　한 시대를 함께하는 길동무로 하늘이 정해 준 소중한 당신 삶의 힘이 되는, 그래서 좋은 사람으로, 우리는 최고의 성공까지는 아니라도 주어진 현실 속에서 실천 가능한 우리들의 시나브로 행복을 만들어 보십시다.

　강물이 흘러 바다로 가듯이 우리가 맺은 인연과 사랑도 변치 말고 하나님의 사랑에 감사하며 복되게 살아갑시다.

빨리빨리 문화와 기다림

우리나라 사람들이 가장 어렵게 느끼는 것은 언어소통보다는 기다리는 것이라고들 합니다. 빨리빨리 생활방식이 몸에 배어 습관적으로 되어 버린 우리들에게는 기다림이란 실로 쉬운 일이 아닌 어려운 일이라고들 합니다.

한국인의 빨리빨리 문화는 사계절이 뚜렷한 농경사회에서부터 시작되었다고 볼 수 있습니다. 수없이 바뀌는 농사주기에서 찾아볼 수 있듯이 농경민족으로 살아온 우리 조상들은 때에 맞춰서 논밭에 나가 활동하지 않으면 안 되는 땅에 일조량이 한여름에만 국한 되어 있어서 자연조건을 극복하기 위해서는 때에 맞춰서 물을 대고, 곡식을 심고, 파종하고, 거두어들여야 합니다. 시간이 지연되면 곡식들이 여물지 않아서 수확량이 줄어들고 헛고생하기 때문에 그렇게 된 것 같습니다.

빨리빨리 문화는 어제 오늘의 관습이 아닌 우리 민족이 농경사회로부터 시작된 삶의 철학입니다. 아침 일찍부터 서둘러서 논밭에 나가 작업을 하지 않으면 가난을 면치 못해 식구들이 배불리 먹지 못하기 때문에 우리 선조들은 느긋해선 굶어 죽는 현실이었기에 이것을 타파하기 위해서 빨리빨리하는 관습문화가 이어져 내려온 것입니다. 산지는 많고 농경지는 적기 때문에 소작농들이 살기 위한 전통이라고들 말합니다.

빨리빨리를 벗어나서 느긋한 기다림으로 생각해 봅시다. 기다림은 삶 속의 빈 여백이기도 합니다. 기다릴 줄 아는 사람은 빈 공간 안의 세상 그 어디에서도 찾을 수 없는 값진 보석을 채우며 살아간다고 말할 수 있습니다.

어려운 일은 거부하고 쉽고 간단한 것만 추구한다면 좋은 내일을 준비하지 못하므로 여름날 숲 속에서 노래만 부르고 있는 베짱이의 삶이 되기 전에 생각하고, 노력하고, 준비해서 꽉 차고 듬직한 인생을 위해서 고민하는 기다림 또한 힘이 되고 필요합니다.

좋은 것만 소유하고 많은 것을 갖자는 것은 결코 아닙니다. 한 번 주어져 사는 인생길 무엇인가 의미 있는 것을 이루고 남기고 가는 바른 인생이 필요하지 않나 생각이 깊어집니다.

현재의 삶이 아무리 중요하다 하더라도 내일에 대한 준비 없이 쫓기며 사는 자는 되지 말자는 이야기입니다. 이러한 준비된 기다림이 참 지혜가 될 수 있다고 할 수 있습니다.

빨리빨리 바쁘게, 숨차게 살아온 인생길, 이제는 좀 여유를 갖고 고된 삶을 적게나마 내려놓고 마음의 눈이 밝고 깨끗하면 심성도 맑은 기다림이 스며든다고 말하고 싶습니다.

삶이란 희비곡선이 교차하는 그래프의 연속이듯이 굴곡진 요철 인생은 옛날이나, 지금이나 시대만 틀리지 살아가는 과정은 같다고 생각합니다.

가벼운 마음의 눈으로 세상을 보고 자연의 섭리로 한발자국 뒤에서 세상을 보니 남들은 다 행복해 보이고 만족한 삶을 사는 것 같지만 반드시 그렇지만은 않습니다.
그러기에 나를 다른 사람과 비교하는 것은 심히 어리석은 일입니다. 각자가 독특한 자신만의 삶의 지표가 있기 때문에 다 똑같이 살 수는 없는 것입니다.

자기가 처해 있는 현재 위치에서 행복을 느끼고 인생의 황금들판에 서서 새로운 갈 길에 시원한 바람을 맞아 옷깃을 여미어 봅시다. 기다림이 있는 따뜻한 인생의 들녘이 치유의 손길이 되길 바랍니다. 사색인이 되어 향기를 내며 인생의 때를 기다리는 지혜와 여유 있는 삶이 모든 이들과 함께 하길 바라는 마음이 전부입니다.
20세기에 와서 우리의 빨리빨리 문화가 부실을 초래하여 사고로 이어져 많은 인적, 물적 피해를 가져오게 된 것을 부정할 수는 없습니다. 모든 일의 진행은 계획단계부터 세심한 프로그램이 필요한 것입니다.

현대사회에 있어서 정보화시대다, 인터넷시대다, 산업화가 급속히 밀려오는데 한국의 빨리빨리 문화가 급격한 경제성장과 시민사회의 치열한 경쟁의식에 영향을 받아 생성된 고유한 삶의 문화와 정서라고 많은 이들은 입을 모은다.

최근에 세상의 열방들은 고도화, 디지털 정보화 시대에서는 한국인의 빨리빨리 문화에 대한 재조명이 이루어지고 있고, 궁합이 잘 맞는 대처 방법이라고들 말하고 있습니다. 그렇지만 현대사회를 살아가는 우리들은 삶을 즐기고 자신만의 여유 있는 생활을 위해서 추구하는 것들이 생각을 달리하는 것을 볼 수 있습니다.

세계적인 문화가 안방에서도 매스컴을 통해서 접할 수 있는 것처럼 시대를 공유하는 배경을 볼 때, 빨리빨리 문화는 약이 될 수도 있고, 독이 될 수도 있는 시대에 살기 때문에 어느 쪽을 선택할 것인가는 결국 우리 자신만의 삶의 속도에 접목시켜 맞추어 달려가는 것이라고 이야기하고 싶습니다.

사랑하는 아들들에게

 우리가 살고 있는 세상이 아름답고, 희망이 있고 행복한 것은 너희들이 있기 때문이다.
 이 세상을 살아오면서 너희들에게 항상 좋은 것만 해 주고 싶었지만 마음뿐, 부족하다는 생각을 많이 했단다. 늘 조금 모자라도 탓하지 않고 포용해 주며 잘 살아 준 아들들에게 고맙게 생각한단다.
 이제는 청년으로 성장하여 각자의 일을 하며 성공의 길을 가는 너희들이 대견스럽구나. 집 떠나 있는 자식들을 생각하면 무소식이 희소식이라 하지만 보이지 않는 곳에서 먹고, 자고 생활하는 것에 항상 걱정이 앞선다. 안 보면 보고 싶고, 만나면 이것저것 챙겨 주고 싶은 것이 엄마, 아빠의 마음이란다.
 행복이란 무엇이겠니? 하고 싶은 일을 하고, 저녁에 갈 곳이 있는 집이 있으면 행복이고, 아쉬울 때나 외로울 때 이야기하고, 서로 생각해 주고 소중히 여기는 게 행복이 아니겠니?
 아무쪼록 모든 면에 부지런히 실천하는

행동과 마음으로 아름다운 가정을, 사업을 보람차게 이룩하며 만들어 가자.

　아들들아, 하나님이 부모를 통해 고귀한 생명을 주셨다는 것을 항상 잊지 말고 하나님께 기도하며 살아가기 바란다. 엄마, 아빠도 언제나 두 아들을 위해서 건강관리 잘 하고, 무슨 일을 하든지 슬기롭게 잘 이루어지도록 기도하고 있단다.

　자나 깨나 은혜로운 사랑으로 자식들 잘 되라고 손 모아 하늘의 평화 내려 주소서 기도하며, 자신의 생명도 내줄 사랑의 샘물로 주님과 동행하는 삶이 되길 바라며 엄마, 아빠가 믿고, 섬기고 사랑하는 하나님을 너희들도 함께 믿음생활 이어 가는 행복한 동행의 생(生)이 되길 바란단다.

　세상을 사는 동안 추운 겨울 날씨가 아무리 매섭다 해도 따뜻한 새싹이 피는 봄이 오는 것은 어쩔 수 없는 것처럼, 너희들 인생도 싹이 트고 큰 나무로 성장할 것이라고 믿는다.

　세상은 넓고 할 일도 많은 곳이다. 어떻게 살아가든지 인간다운 삶을 지혜롭고 슬기롭게 꿈을 이루며 살기 바라며 더욱 바라는 것은 행복하고 아름다운 결혼으로 가정을 이루고 온기가 느껴지는 살기 좋은 가정들을 이루면서 살기 바란다.

　일일이 표현하지 못하지만 마음으로는 소리 없이 사랑한다고 말하고 싶다. 엄마, 아빠가 이루지 못한 꿈도 너희들이 아름답게 만들어 주길 바란다.

　어느덧 60 중반이 되면서 생각이 깊어지는 것 같다.

"사랑한다."

삶의 재충전장 산(山)

하나님이 창조해서 주신 산(山)과 자연(自然)을 사랑하자.

산과 숲은 우리에게 넓은 삶의 지혜를 준다. 세상은 참 바쁘다. 도심 주위를 둘러보면 모두가 어딘가를 향해 바쁘게 오고 가고 있다. 열심히 일을 하고 있다. 나도 그들 속에 함께 살고 있다. 남들보다 뒤처지지 않고 좀 더 앞서 나가기 위해서 최선을 다해 하루하루를 살아가지만 그것만이 능사는 아니다.

이러한 일상이 때론 공허감을 준다. 계절 탓인가 하고 생각이 든다.

이런 나의 마음을 알았는지 산악회 친구가 나를 초대한다. 차에 올라타서는 세상사 걱정거리는 접어두고 홀가분한 마음으로 차창 밖에 스치는 풍경을 보면서 시인이 된 듯 흥얼거린다. 어릴 적 소풍갈 때의 마음처럼 흥분된 어조로 말이다. 도심을 떠난 버스는 고속도로를 지나 어느 새 목적지에 도착했다. 몇 가지 안전사고의 주의사항을 듣고 산행코스를 따라 숲 속에 들어서자 도시에서는 느낄 수 없었던 상쾌한 기운과 함께 뭔지 모를 에너지로 다리에 힘이 들어가고 발걸음에 힘이 넘친다. 숲 속에서 불어오는 바람은 가슴 속 깊이까지 흡족함을 준다. 녹음(綠陰) 든 마음으로 산을 찾아 등반하는 이들과 함께 이야기를 하며 힘든 산행 길도 계속한다. 얼마간 갔을까. 산봉우리 위에 올라 주변 풍광을 보니 능선 따라 기암괴석들이 병풍처럼 늘어서서 정상으로 오른다. 정말 감탄이 절로 나온다.

이제는 제법 숨도 가빠오고, 쉬는 시간이 기다려지고 이렇게 조금씩 지쳐갈 무렵 선두 조장이 무전기로 위치 파악을 한다. 발걸음을 재촉하여 선두조와 후미조의 간격을 좁히고 올라오라는 무전이다. 올라갈수록 산길이 험하니 천천히 숨을 고르며 올라오라는 것이다.

산 넘어 산이 있고, 숲 속에 숲이 있듯이 산의 웅장함은 인간의 위대함을 자랑하지 말고 자신을 낮추고 겸손히 자연에 순응하며 살라 한다. 힘든 시련을 극복하고 마음의 눈을 열고 세상을 보면 모든 것이 소중하고 아름다워 보인다. 그전에는 그저 아무런 의미 없이 하루가 흘러갔고 그렇게 살았다. 계절의 변화에도 별뜻 없이 세월이 가는구나 생각했다. 그렇지만 지천명 나이에 들어 주변을 보고 생각하니 너무 늦지 않았나 조바심이 생긴다.

홀로서기 인내력을 키우는 운동은 등산만큼 좋은 것이 없다. 스스로 이기지 못하면 산 정상을 밟아 볼 수 없기 때문이다. 한 걸음 한 걸음 포기하지 않고 오르는 자만이 산 정상에 서기 때문이다. 그동안 인생을 살아오면서 힘들어 포기하고 싶었을 때에도 자기가 해야 할 일과 가정과 동조자가 함께 있기 때문에 포기하지 않고 일어설 수 있었던 것이 함께 살아가는 공동체이었을 것이다. 그래서 힘들고 괴로워도 인내하며 새로운 삶을 모색하며 살아가는 것이다.

드디어 온 산 아래가 내려다보이는 정상에 도착했다. 내 발 아래 펼쳐진 세상이 모두 내 것인 것만 같았다. 이렇게 산 아래 가을 풍경은 황금 들녘 그대로였다. 한쪽 모퉁이 계곡에서 시작된 물줄기는 커다란 저수지를 이루고 있고, 그 옆으로 V자 형태로 된 평야는 내려오면서 점점 넓은 평야로 변한다. 황금빛 넓은 평야는 두부모판처럼 반듯하게 논둑으로 구획정리가 잘 되어 있다. 몇 시간에 걸쳐서 올라와 이렇게 가슴 벅차고, 흐뭇하고 좋으니 자주 산을 찾아 느끼며 삶을 재충전해야겠다는 생각이 전부다.

정상에 올라온 일행들과 합류하여 한적한 곳을 찾아 배낭 속에 가져온 식사와 간식을 나누어 먹으며 푸른 하늘과 푸른 산의 정취를 마음껏 느끼며 즐기는 한 끼 식사는 찬은 변변치 않아도 어느 진수성찬에 비교하겠는가. 시장이 반찬이며, 마음의 넉넉함이 풍요로움을 느끼게 한다.

여러 산에 다녀본 경험담과 환희에 찬 추억들을 이야기하며 흥분된 기분으로 다음 코스와 산행을 계획한다. 잠시 들뜬 기분을 뒤로 하고 하산길에 나선다.

내려가는 길에는 이제 힘든 코스는 끝났다고 긴장을 늦추지 말아야 한다. 기쁘고 흥분된 마음으로 즐기다 하산길에 미끄러지고 추락하는 안전사고를 주의해야 한다고 이야기들 한다.

우리 등산인의 목표는 산에 오르는 것이지만 그것이 끝이 아니다. 자신의 산행을 겸허한 마음으로 받아들이고 돌아오는 길 역시 안전하게 아름다운 모습으로 내려와서 우리 삶의 소중한 부분으로 승화시켜 정진하는 자세가 필요하다.

바쁜 일상에 지쳐 있던 내게 산은 언제든 와서 마음껏 보고,

오르고, 쉬었다 가도 좋고, 품에 안겨 더불어 살고, 우리 인생의 의미를 깨닫고 가라 한다. 그래서 나는 도시생활에 지쳐 있거나 고민거리가 생기면 산 속 숲을 찾아 걷다 보면 해답이 나온다. 좀 더 열심히 살지 못했나. 또 남을 배려하지 못하고 겸손함을 잃고 막 사는 인생을 돌이켜보게 된다.

어떠한 위치에서 어떠한 일을 하건 오늘 내가 하는 일이 보람 있고, 오늘 사는 것이 행복이며, 주어진 일을 성심으로 다 하는 것이 내일의 행복이고 뜻이라고 마음가짐을 갖는 것이야말로 그 사람 인생을 풍요롭게 할 것이다.

오늘 없는 내일 없고, 오늘이 모여 인생을 이룬다. 가슴 속의 상처는 자연 속에 스며들어 풍화되고 새로운 삶을 재충전하고 행복한 날을 설계하는 곳, 그래서 나는 산(山)의 매력에 푹 빠지게 된다.

이렇게 좋은 세상을 주신 하나님께 감사 기도드리며, 일정을 마친다.

생각이 있는 밤

홀로 깨어 있는 밤, 그 시간은 가장 적나라하게 자신을 반성하고 하루 일을 뒤돌아볼 수 있는 시간입니다. 또 가장 자유롭고 겸허하게 현재 자신의 모습을 보고 내일의 준비를 설계할 시간입니다.

조용히 명상에 잠겨 살아 있음을 느끼고 어떤 사랑과 어떤 행복을 그리겠습니까?

주어진 현실 속에서 실천 가능한 자신만의 행복과 성공의 길을 만들어 보십시오. 마음이 따뜻해질 것입니다.

일상을 접어두고 등산해 보십시오. 산행은 역시 정상에 올라 주변의 풍광을 둘러보는 것이 등산의 백미가 아닐까 생각합니다. 멋진 세상을 두 발 아래 두고 있다는 생각에 가슴이 뻥 뚫리고 답답한 마음이 시원함을 느껴 좋은 일만 생길 것 같고, 무엇이든 할 수 있을 것 같습니다.

도시를 떠나서 자연의 치유가 좋아 내 마음이 편안하고 행복하면 그곳이 어디든 간에 천당인 것입니다.

마음으로 생각해 보십시오. 눈앞에 있는 벽을 보세요. 모든 것을 차단하고 하나를 둘로 나누는 역할을 합니다. 그러나 벽에 창문을 내면 그 둘은 다시금 하나가 되게 이어 주는 역할을 하며 창문을 통해 서로 소통하는 세상을 보는 통로가 됩니다.

그래서 우리들 마음 속에도 창문이 필요하고 답답한 마음을 해소하기 위해서는 마음의 창문을 활짝 열고 상대방과 불신의 벽을 털어버리면 사람과 사람이 소통하고 자연과 교감을 이루는 사회인이 됩니다.

서로의 진실과 세상의 흐름을 현실에 맞게 보여 주는 노력이 필요한 시대적 진면목을 아낌없이 인생설계에 적용하여 함께 살아가는 아름다운 공동체가 되십시다.

오늘의 일정 누전공사

오늘도 이른 아침 잠자리에서 일어나 세면을 하고 하루일과를 시작한다. 아내가 차려 주는 아침식사를 맛있게 먹고, 차를 운전하여 사업장으로 출근하여 점포 문을 열고서 상품을 정리해 놓고 책상에 앉아서 오늘 일과를 점검하던 차, 전화 한 통이 와서 받으니 이웃집 아주머니의 전화내용이다.

어젯밤부터 집에 전기가 차단되어서 들어오지 않는다는 것이었다. 분전반의 차단기를 올리면 조금 있으면 떨어지고 다시 올리면 또 떨어지고 해서 밤새도록 전기를 사용하지 못하고, 추운 겨울철에 보일러 가동을 못 해서 난방이 안 되어 온 식구들이 추위에 고생을 했다고 한다.

급히 연장과 장비를 챙겨서 오토바이에 싣고서 출장길에 나섰다. 5분 정도 달려서 목적지인 집에 도착하니 현관문을 열어놓고 기다리는 아주머니를 따라 2층으로 올라가서 테스터기로 점검해 보니 누전으로 벨이 울린다. 1차적으로 전선과 차단기를 분리시키고 나서 여러 곳 전기콘센트를 분리작업을 하며 거리를 축소시켜 나갔다.

작업을 하는 동안에 옆에서 지켜보시던 아주머니가 여러 군데 전기콘센트를 분해하여 놓고서 하나하나 전선을 체크하면서 잘못된 부분을 찾아나가는 나의 작업하는 모습을 보면서 "어떻게 이 어려운 작업을 하며 누전을 찾을 수 있는지 신기하다."고 하면서 같이 도와 주신다.

"위험하면서 좋은 기술을 가지고 있는 사장님은 조기퇴직도 없고 건강도 하시니 늦은 나이까지 일을 할 수 있어서 좋겠다." 고 한마디 더 거든다.

거실에 있는 분전반에서 시작하여 TV용 콘센트와 안방 쪽으로 가서 몇 군데 콘센트를 제거하고 작은 방으로 옮겨서 콘센트를 분리시키고 테스트해 보니 안방과 작은 방 사이에 있는 안방 화장실 바닥을 통과하는 전선관에 습기로 인해서 누전이 발생한 것을 최종적으로 확인하고 나서 다시 정밀하게 누전 체크를 해 보니 화장실 바닥으로 배선관이 지나가는 곳에서 누전이 나온다.

아주머니께 이렇게 된 것을 자세히 알려 주고서 배선공사 내용을 이야기하니 안전하고 불이 들어오게 해달라고 해서 본격적으로 작업을 진행해 보니, 철거한 전선에 물이 묻어서 나오는 것을 확인시켜드리고서 파이프 속의 물기를 제거하기 위해 새로운 전선에 헝겊 조각을 묶어서 전선관에 집어넣어 당기고 밀면서 파이프 속의 물과 습기를 왕복으로 이동시켜서 제거한 뒤에, 새로운 전선 세 가닥을 밀어 넣어 콘센트를 연결하고 나니 차단기가 정상적으로 올라가서 전등과 냉장고, 보일러 등이 가동되는 소리가 들렸다.

가전제품과 전등, 보일러 등이 정상적으로 작동되는 것을 본 집주인 아주머니는 안도의 숨을 쉬면서 몇 시간에 걸쳐 작업이 잘 되어 전기가 들어오는 것을 확인하고서 마음이 놓였는지 걱정이 많던 얼굴에 화색이 돌면서 기뻐하며, 추운 겨울에 보일러도 작동이 안 되고 냉장고도 가동이 안 되어 많은 음식물이 잘못 되어 상해서 다 버리게 될까 봐 밤새 추위에 떨면서 걱정이 태산처럼 많아 잠도 제대로 못 자고 빨리 아침이 와서 수리할 사람을 불러서 고쳐야겠다고 하면서 기다렸다고 하신다.

작업을 마무리하면서 집 안의 온도와 밖의 온도가 차이가 많이 발생하면서 결로현상이 생겨 화장실에서 물을 사용하기 때문에 더 많은 수증기로 인해 누전이 발생한 것이라고 자세히 알려 준 다음 누전공사를 마무리했다.

비용을 지불해 주시던 아주머니께서는 아래층과 위층에 세입자들이 많이 살고 있으니 앞으로는 계속해서 우리 집 고장난 곳의 보수공사는 사장님이 해 줄 것을 여러 번 말씀하신다.
"고맙습니다." 인사를 하면서 명함 한 장을 드리고서 발길을 돌렸다.

나 스스로가 흡족해 하면서… 나도 어두운 세상을 환하게 밝혀 주는 직업을 가지고 사는 사람이라는 생각을 했다.

영원한 사랑인 산수유꽃

긴 겨울 찬 바람을 밀어내고 살랑살랑 봄바람이 불어오면 산골짜기에 있는 잔설이 녹아내리며 따뜻한 기운으로 날씨는 풀리고 아지랑이가 피는 3월 중순경이 되면 한반도의 남쪽마을 광양에서 매화꽃이 피기 시작해 옆 마을 구례에서도 뒤질세라 산수유 꽃망울이 부풀려 피기 시작하며 중부지방으로 북상해서 전국으로 퍼져나간다.

화사한 황금색 봄의 전령사인 별 과자 모양 꽃판에 20~30개씩 조롱조롱 달리는 산수유꽃이 피어 봄을 사랑하는 이들을 불러모아 인산인해가 되며, 노란 꽃의 숲과 사람, 차량들이 몰려서 별천지를 만들어 더 많은 유혹의 발길이 됩니다.

축제현장 어디든지 마찬가지지만 특히, 자연이 주는 아름다운 산과 들판에 사는 나무와 꽃들은 사시사철 잘 성장하기 위해 열심히 뿌리로부터 영양분을 공급받고 햇볕을 받음으로 계절에 따라 무럭무럭 자라서 우리들 삶의 주변과 한반도와 지구를 공기 좋고 살기 좋은 환경으로 만들어 줍니다. 그중에 산수유 나무도 함께 공유하는 식물류로 한국의 토속나무이며, 붉은 타원형 열매가 많이 달려서 사람들의 건강식과 한약재로 이용되며 사랑받는 나무입니다.

　노란색 꽃송이를 보면 영롱하게 피어나고, 꽃송이는 소박하지만 수만 그루가 한꺼번에 꽃무리를 지어서 피면 그야말로 한 폭의 수채화처럼 세상의 자연은 화려함 그 자체입니다. 그 무리에 들어선 사람들마저 포근하게 감싸안으며 서정적인 그림과 사진의 주인공을 만들어 주니 어느 봄날 한 번쯤은 그 풍경 속에 녹아들 만 합니다.

　이렇게 한반도의 산야(山野)는 기지개를 켜며 세상을 아름답고 화려하게 살기 좋은 환경으로 만드는 힘이 있습니다.

　산수유는 꽃이 3~4월에 노란색으로 피며, 암수 한 꽃이며 잎은 나중에 핍니다. 꽃은 우르르 돋아 양증 맞습니다.

　꽃은 두 번 핍니다. 한 번은 겉꽃이 열리고, 두 번째는 속꽃이 핍니다. 꽃은 소박하고 햇볕을 좋아하며 토심이 깊어 비옥한 땅에서 잘 자랍니다. 전국 어느 곳이든 식재(植栽)가 가능하고 추위에 강한 편이며 이식력도 좋습니다.

　주로 공원수, 정원수로 쓰여서 아파트와 주택가에서도 식재하기 위해 많이들 찾는 나무라고 합니다.

　꽃이 인기 있는 이유는 1개월 이상 지속적으로 꽃잎을 달고 있는 편이고 멀리서 보면 생강나무와 비슷하며 같은 시기에 피어서 오해를 많이 하지만 수피와 꽃이 다르게 핀다. 꽃말은 '영원한 사랑'이라고 하며 연인들이 교제할 때 꽃과 열매로 된 선물을 주고받는다고 합니다.

수많은 꽃나무들이 산들바람에 일렁이면 노란 물결이 산야에 가득 찰 때 잔칫날 진객은 벌과 나비들이며, 한순간에 모여들어 날갯짓을 하며 여기저기 꽃숲을 날아다니고 꿀 따기에 바쁩니다. 여기에 동반자인 춘객들도 꽃길을 걸으면서 인생의 봄날인 양 행복한 모습들입니다. 누구든지 잠시 일상을 떠나 쉼표를 찍어 보세요. 소중한 자신의 삶을 정리할 시간이 됩니다. 소중한 휴식은 더 좋은 발걸음이 되기 위해 행복한 보약으로 충전의 시간이 될 것입니다.

전국 유명한 산과 관광지를 찾아 여행하며 많은 것을 보고, 사진을 찍고, 글로서 기록을 하다 보니 몸이 계절의 변화를 기억하는 여행이 되기도 합니다. 상쾌한 봄바람이 얼굴을 스치면 여기저기 다시 가보고 싶은 생각으로 가득해져 작품집을 열어 보고는 합니다. 새로운 여행지를 가고 싶은 마음으로 설렘이 가득합니다. 딱딱한 포장길을 걷는 것보다는 부드러운 흙길을 걸으면서 새로운 자연 풍광에 취해 봅니다.

산수유 열매는 8~10월에 붉게 타원형 모양으로 익어 가며 맛은 신맛, 단맛, 떫은 맛 3가지를 가지고 있으며, 자양강장제로 유명하고, 귀를 밝게 하고 신장과 혈압에 효과가 있으며 소화가 잘 되어 약용으로 많이 사용하고 차와 술을 담가 먹기도 합니다.

나무는 5~7m 정도 자라는 나무로 은행나무, 느티나무 같은 장수목에 뒤지지 않을 정도로 생명력이 길고 광릉수목원에서 자생하며, 한국 전역에서 잘 자라고 있고 대량 군락지로는 전남구례, 경북 경주, 의성, 경기 이천, 양평 등이 유명한 자생지입니다.

앙증맞은 빨간 열매는 보기만 예쁜 게 아니라 집안 살림살이에도 도움이 되어 재산목록에 끼는 순위이며, 4~5그루만 있어도 자식을 대학교에 보낼 수 있을 정도로 소득이 되는 대학 나무로 불리는 귀중한 나무랍니다.

어머니가 어린자식을 키우기 위해 가슴에 안고 젖을 주듯이 나무도 자신만의 리듬으로 열매를 갖기 위해 빛깔과 향기를 찾아서 살기 위해 뿌리로부터 물을 끌어올려 가지와 줄기에 공급하고 비가 오면 잔뿌리 사이에 저장합니다. 주로 가뭄 때 사용하면서 생명유지를 합니다.

햇빛 따라 가지를 뻗어 잎을 키우고, 바람이 불면 꽃씨를 날려서 종족보존에 이용하고 자연에 순응하며 사람들에게도 도움을 주는 귀중한 유실수입니다.

봄의 산수유꽃

가을의 산수유꽃

추모의 집 153호

가을비가 추적추적 내리는 추석 전날 용미리 왕릉식 추모의 집 어머니 유골이 보관 되어 있는 곳을 집에서부터 40여 킬로미터 운전하고서 찾았습니다.

매번 올 때마다 느끼는 감정이지만 수만 명이 잠들어 있는 이곳에 찾아오시는 방문자의 발걸음은 항상 조심스럽습니다. 군데군데 차려져 있는 돌아가신 분의 넋을 기리는 제단을 보게 되므로 숙연해지고 음산한 분위기에 슬픔이 가득함을 느끼게 됩니다.

한 번 온 인생길 누구든지 자연으로 돌아가는 것은 당연한 일이지만 어쨌든 마음은 무겁기만 합니다. 지난 17년 전 처음으로 접수하고 배정받는 날 납골당 방 호실의 번호표를 받아들고서 나는 또다시 눈물을 흘릴 수밖에 없었습니다.

하나님의 사랑의 손길이 임재하시어 하늘나라 시민권을 주셨구나. 이 땅에 예수님이 살아 있을 때 베드로사도를 통해서 그물을 당겨 잡은 물고기 수가 153마리였습니다.

선택된 자만 받을 수 있는 하늘나라 시민권을 받은 생각으로 머릿속에 성령의 은혜를 체험하는 시간이었습니다.

하나님 감사합니다. 그렇게도 하늘나라에 입성하길 원했던 병실에서의 어머니 기도가 상달 되어 하늘 본향을 만날 수 있는 은혜를 베풀어 주심에 감사드립니다.

이 땅에 사시는 동안 삶의 희로애락(喜怒哀樂)을 다 겪고서 고생을 낙으로 알고 한평생 살아가신 어머니 인생의 마지막에 영원한 축복이 하늘나라에 임하셨구나 하는 마음으로 다른 이야기를 전개해 봅니다.

어머니, 자주 찾아오지 못하고 일 년에 한두 번 문안 인사드리고 가는 큰아들을 이해해 주세요. 오는 길에 예쁜 하얀 국화꽃 한 다발을 사 왔습니다.
그동안 어머니가 떠나시고, 일도 열심히 해서 형편도 예전과 달리 넉넉해지고 손주들 2명도 4년제 대학교를 졸업하고서 직장 생활 잘 하고 있습니다.

어머니와 함께 교회에 갈 때 타고 다니던 갤로퍼 승용차도 늘 검소하게 살라고 하신 말씀처럼 20년 사용 후 폐차시키고, 새 차로 구입해서 사용하고 있습니다. '로디우스'라고 하고요. 길 위의 제왕이라는 뜻이래요. 10명이 탈 수도 있고요. 물건도 많이 실어 나르고 가게 일에 도움이 많이 됩니다. 큰손주 민수가 파주에서 볼링장을 신설해서 사업을 하고 있는데 필요한 물건도 실어다 주곤 합니다. 작은 손주 정수도 직장생활 잘 하고 있고요. 저희 가족은 모두 건강하고 행복하게 살아가고 있습니다.

 손주들이 결혼해서 증손주가 태어나면 아이들과 함께 와서 문안 인사드릴께요. 편히 하늘에서 후손들 가정이 화목하고, 하나님의 사랑받고 믿음의 자손으로 이어 가는 기도로 빌어 주세요. 다음에 찾아올 때까지 안녕히 계세요.

클로버의 사랑

    계절의 여왕이라고 불리는 따뜻한 봄날이 되면 우리나라 자연의 아름다운 들판에는 여기저기 풀밭이 조성되어서 잡초들이 자라게 된다.
    겨울 동안 땅 속에서 잠자고 있던 씨앗들이 기다렸다는 듯이 얼린 땅을 뚫고 싹들을 밀어 올려 새싹을 피게 한다.
    넓은 대지에는 잡초들이 무성하게 피어나고, 그중에 토끼풀인 네 잎 클로버도 함께 새 생명을 피워 종자를 번식한다.
    사람들은 일반적으로 푸른 풀밭을 보면 좋아서 이리저리 밟고 다니면서 세 잎 클로버 잎과 꽃을 따서 놀이감으로 꽃반지, 꽃시계, 꽃목걸이 등을 만들면서 놀고, 친구들과 반지를 만들어 손가락에 끼워 주며 놀이삼아 지냈던 어린 시절의 추억들이 기억날 것이다.

    클로버는 유럽에서 20세기 초반에 사료식물로 도입된 귀화식물이라고 한다. 우리나라에 전국적으로 분포 되어 잘 적응하며 자라고 있고, 특히 토끼가 잘 먹는 풀이라는 데서 유래 되어 토끼풀이라 불리게 되었으며, 우리나라 사람들이 많이 좋아한다.

사람들은 세 잎 클로버가 가득한 풀밭에서 네 잎을 가진 클로버를 찾기 위해서 혈안이 되기도 하는데, 네 잎 클로버를 찾을 확률은 만분의 일인데다 찾기가 쉽지 않다.
　이렇게 귀한 네 잎 클로버를 찾으면 행운이 찾아온다고 믿고 좋아해서 찾으면 책갈피에 끼워 놓고 수시로 보기도 한다.

　네 잎 클로버 꽃말의 유래는 프랑스 나폴레옹 때로 거슬러 올라간다고 한다. 전쟁터에서 프랑스군을 지휘하던 나폴레옹은 우연히 말발굽 옆에 핀 네 잎 클로버를 발견하고 몸을 숙이게 되는데, 이때 나폴레옹의 머리 위 모자 깃털을 뚫고 총알이 날아가서 살았다는 이야기이다.
　만약, 나폴레옹이 몸을 숙이지 않았다면 목숨을 잃을 뻔한 것이 일화로 전해지며, 네 잎 클로버가 행운의 꽃으로 상징이 된 것이다.

　네 잎 클로버는 토끼풀의 돌연변이라 한다. 우연히 알게 된 좋은 꽃말에 대해서 생각하며 길가를 걸어가다 보면 흔하게 볼 수 있는 풀이 있다. 그것은 바로 토끼풀이다.
　"세 잎 클로버의 꽃말은 행복이고, 네 잎 클로버의 꽃말은 행운이다."
　눈앞에 다가온 잠깐의 행운을 위해서 행복을 놓치는 사람이 되고 싶지는 않다는 생각을 하게 된다.
　자연을 사랑하고 보존하기 위해서는 눈으로만 감상해야 하는데 행운을 찾는다는 이유로 풀밭을 밟고 다니면서 꽃을 따고 잎을 따며 이리저리 행복이란 이름의 클로버를 짓밟고 있다.

　많은 이들이 네 잎 클로버의 행운을 좋아해서, 중세기 때 유럽에서는 기독교 신앙이 전파되는 십자가의 중요성을 의미 있게 하기 위해 네 잎 클로버의 문양으로 십자가를 만들었고, 악마를 피할 수 있다고 믿었다. 십자가는 네 잎 클로버와 같은 의미로 정립 되어 사용하고 이후에 산업화가 되면서 환상적인 고속도로 입체교차로를 지칭하는데 클로버 잎이란 용어가 사용되었다고 한다. 이는 4개의 반원 형태로 된 형상을 지칭하는 것이며, 현대사회에서 도로건설 시 입체교차로를 설치할 때에 네 잎 클로버 문양으로 설계하게 되었다.

　클로버 잎은 쓰임새도 많은데, 콩과식물이기 때문에 땅을 갈고 클로버를 심으면 잡초가 자라는 것을 방지할 수 있고, 먹을 수 있어 말려서 차로 끓여 마실 수 있으며 잎은 샐러드의 재료로 쓰이기도 한다. 꿀을 따는 데도 쓰이고, 클로버 술은 빛깔이 맑고 향이 강하지 않으면서 은은한 꽃내음을 띠어서 인기가 좋다고 한다.

　클로버는 길가에 피고 지는 잡초의 일종이라 하지만 우리들의 생활에 도움을 주고, 좋은 교훈이 되는 아름다운 꽃이므로 사랑해 주고 아껴야겠다.
　네 잎 클로버의 꽃말처럼 행운만 쫓지 말고, 세 잎 클로버가 의미하는 행복 안에서 사소하지만 진정한 행복을 찾는다면 삶을 즐겁게 유지하는 원동력이 되지 않을까. 조심스럽게 말하고 싶다.

우리의 인생은 행운을 찾기보다 행복을 찾는 것이 더 쉽고, 더 중요하다고 생각한다. 행운을 찾는 것은 도박의 확률에 도전하는 것이며 투기이다. 또 온다고 해도 영원히 지속되지 않는 일회성에 지나지 않는다.

내 옆에 있는 좋은 것을 귀하게 여기는 마음에서 생겨야 하며 주어진 생활여건에 감사하는 마음이 행복한 삶을 누릴 수 있는 것이고, **감사는 행복의 원료이자, 풍요로운 삶의 재료**인 것이라 말하고 싶다.

클로버를 찾던 추억으로 참된 지혜의 사람으로 인생을 살아갔으면 한다.

황금보다 더 좋은 지금(只今)

　청명하고 푸른 하늘 아래인 이 땅에 하나의 생명으로 태어난 사람은 자연의 일부이며 인생살이 또한 사계절과 같다.
　꽃이 피는 봄이 오면 유아기로 시작된 어린 시절이고, 신록이 파릇파릇 살찌는 여름이 오면 젊은 청춘과 청장년 시절이며, 생의 중요한 성취력을 쌓아올리는 시기이며 생의 아름다움을 마음껏 펼쳐나가는 의욕이 있고 사랑 또한 폭넓게 피는 계절인 것이다.
　단풍이 들고 낙엽이 떨어지는 가을이 오면 중장년 시기이며, 인생의 후반전을 제대로 준비하여서 정점을 찍고, 이어지는 긴 인생살이를 새로운 자기개발로 지루한 삶이 되지 않도록 정체시기를 취미나 운동을 통해 목적을 이루어야 한다.
　흰 눈이 내리고 날씨가 추운 겨울이 오면 사람도 노년기에 접어들어 체력이나 의욕이 노화되기 때문에 조금씩 삶을 정리하고 자연으로 돌아가기 위한 순서는 세상의 이치이다. 이처럼 생명여정은 사계절 순환으로 돌고 돌며 세상을 이끌어 나간다.

　현대사회 속에 살아가는 사람들의 하루 일상을 더듬어 보면 정말 세상의 시간은 빠르고 바쁘다. 아침에 잠자리에서 일어나 정리해 놓고 세면과 한 끼 식사를 간단히 해결하고 출근하여 직장이나 일터 등 어느 곳이든 노동을 하며 사람들과 어우러져 교제하고, 수확을 거두고 일과를 보내고서 또 가정으로 복귀해서 이것저것 생의 테두리 안에서 반복된 일상 생활을 하게 된다.

사람들은 다시 돌아올 수 없는 오늘을 후회 없이 보내기 위해서 최선을 다하며 살아가고 있다. 우리들 일상에서 찾는 행복은 만들어지는 것이 아니라 만드는 사람에게서 생겨나는 것이다. 우리에게 주어진 하루인 오늘을 어떻게 할 것이냐고 묻지 말고 처해 있는 조건과 위치에서 최선을 다해 일을 하고, 그것이 즐거운 일이든, 힘든 일이든 해야만 할 일이라면 불만과 투정 없이 슬기롭게 해나가야 한다. 그러면 목적하는 바가 이루어질 것이고, 다 이루었다는 성취감과 순간의 마음에 오는 기쁨이 바로 행복이고 즐겁게 사는 일이라고 생각한다.

금은보석이 아무리 좋다고 해도 지금(只今, 현재)이 제일이고, 최고라고 하는 이야기가 있는 것처럼, 지나간 과거는 다시 돌아올 수 없는 것이며 한 치 앞도 모르는 미래 또한 어떻게 될지 모르는 미완성 인생사, 불확실한 현실이기 때문에 지금 있는 자리에서 내가 하고 있는 일과 지금 만나고 있는 사람들 속에서 충실하게 지혜를 찾아 인생을 살아가는 것이 즐거움이고 행복에 이르는 지름길이라고 이야기하고 싶다.

되돌아갈 수 없는 세월의 수십 년 인생살이가 주마등처럼 스치고 지나간다.

오늘 하루를 위해서 열심히 주어진 현 상태에서 살아왔다면 내일이 되면 또 오늘이 되는 것이다. **스스로의 힘으로 일으켜 세운 자수성가의 길은 바로 이곳 지금 느낄 수 있는 기쁨이요, 성공이고 행복이다.** 그래도 아쉬움과 미련이 남는다면 하나님이 우리를 사랑하시어 이 땅에 보내신 이유를 찾아서 사명을 다하는 신수성가 목적이 있다고 생각한다.

하나님의 도움으로 새로운 삶을 행복하게 개척해 보도록 합시다.

```
저자와의
협약으로
인지생략
```

김인석의 시와 에세이
세상을 걸으며 자연에서 배우고

지은이 김 인 석
펴낸이 이 재 갑
펴낸곳 도서출판 **문예사조**
등 록 2-1071 (1990. 10. 15)

04558 서울시 중구 퇴계로 41길 8(충무로4가)
Tel. 02-720-5328, 2272-9095
Fax. 02-2272-9230

http://www.munyesajo.co.kr
e-mail : mysj5328@hanmail.net

발 행 일 2021년 4월 1일

잘못된 책은 바꿔 드립니다.

값 18,000 원
ISBN 978-89-5724-263-6